Leslie M. Grant

Der Prophet Sacharja
–
Die Befreiung Jerusalems

LESLIE M. GRANT

Die Befreiung

DER PROPHET SACHARJA

Jerusalems

Daniel

Die amerikanische Originalausgabe erschien unter dem Titel *The Visions of Zechariah and the Burdens of the Lord* im Verlag Believers Bookshelf, Inc., Sunbury, PA 17801, USA.

1. Auflage 2001

PF 1114, 17277 Retzow
www.Daniel-Verlag.de
Umschlag: ideegrafik, Jürgen Benner
Printed in Germany

ISBN 3-935955-11-1

Inhaltsverzeichnis

Vorwort

Die Prophezeiungen Haggais und Sacharjas wurden fast zu derselben Zeit geschrieben, als ein Überrest Israels aus der Gefangenschaft zurückgekehrt war, um den Tempel in Jerusalem wieder aufzubauen. Haggai legt – wie Esra – den Nachdruck auf den Tempel, während Sacharja sich – wie Nehemia – mehr mit der Stadt Jerusalem beschäftigt, obwohl Esra und Nehemia später nach Jerusalem zurückkehrten als Haggai und Sacharja. Sehr ernst sprechen diese beiden Propheten über das Versagen des zurückgekehrten Überrests, das dem Versagen ihrer Väter entsprach, und suchen das Volk aufzurütteln, damit sie von Herzen zum HERRN umkehren.

Sacharja betont, dass Gott sich in seinen Erbarmungen Jerusalem wieder zugewandt habe (1,16), und zeichnet ein schönes Bild von zukünftigen Segnungen besonders für Juda, an denen aber auch ganz Israel teilhaben wird. Er zeigt jedoch ebenso klar, dass diese Prophezeiungen sich nicht erfüllen können, ohne dass vorher die Nation von vielen Trübsalen heimgesucht wird, die ihren Höhepunkt in der großen Not der zukünftigen Drangsal finden und bei der Ankunft des Messias in Macht und Herrlichkeit.

Der Überrest, der dem Aufruf Kores', des Königs von Persien, gefolgt und nach Jerusalem zurückgekehrt war (Esra 1,1–4), hatte zunächst mit dem Bau des Tempels begonnen, wurde aber bis zur Regierung des Darius behindert. Im sechsten Monat des zweiten Jahres seiner Regierung prophezeite Haggai (Hag 1,1). Sacharja schrieb im achten Monat desselben Jahres.

Kapitel 1

Gottes Ruf, zu Ihm zurückzukehren (V. 1–6)

Der Name Sacharja bedeutet „der HERR gedenkt". Er war der Sohn Berekjas („der HERR segnet") und dieser der Sohn Iddos („die bestimmte Zeit"). Israel war lange niedergeschlagen gewesen. Es schien, als ob Gott sie vergessen hätte. Doch Er gedachte ihrer, und zu der von Ihm bestimmten Zeit wandte Er sich ihnen wieder zu, um sie zu segnen. Allerdings war das Ausmaß der Erwekkung und des Segens in den Tagen Sacharjas sehr begrenzt. Israel glitt erneut in Niedergeschlagenheit ab, die noch andauerte, als der Herr Jesus kam. Seine Ankunft war ein weiterer unübersehbarer Beweis dafür, dass „der HERR gedenkt". Mit der Verwerfung Christi versank Israel in einen Zustand, der schlimmer war als je zuvor, und das diesmal für viele Jahrhunderte. Zur Zeit der großen Drangsal werden sie dahin gebracht werden, dass sie tief empfinden: Gott hat sie vergessen! Erst dann wird die Prophezeiung Sacharjas ganz erfüllt werden. Das wird die von Gott bestimmte Zeit sein, Israels zu gedenken und es zu segnen mit Segnungen, die nie enden werden.

Die Botschaft Sacharjas an Israel beginnt unvermittelt: Der HERR ist heftig erzürnt gewesen über ihre Väter. Wie konnte Israel sich seiner Abstammung rühmen, wenn das zutraf? Sie hatten sich an die Sünden gewöhnt, die ihre Väter zugelassen hatten. Ihnen fehlte Einsicht, wie Josia sie hatte (2. Kön 22,10–13), als ihm die Worte des Buches vorgelesen wurden und er begriff, wie weit die Väter von den Gesetzesvorschriften abgewichen waren. Mit Recht konnte der HERR Israel sagen, dass sie zu Ihm umkehren sollten, und Er verhieß ihnen, dass, wenn sie es taten, auch Er zu ihnen umkehren würde.

Aber obwohl der Herr Propheten sandte, die das Volk eindringlich baten, von ihren bösen Wegen und Handlungen zu Ihm umzukehren, wollten sie einfach nicht hören. Wo waren ihre Väter jetzt? Und leben Propheten für immer? Ein Leben in Auflehnung können Menschen nicht lange fortsetzen. Der Tod ereilt sie, und dann erkennen sie, wie töricht es ist zu rebellieren, aber zu spät. Auch die Propheten wurden von Gott nur zu besonderen Zeiten gesandt, um eine dringende Botschaft zu vermitteln: Sie würden nicht ewig da sein, um sich als bloße Diener behandeln zu lassen, so wie es dem Volk gefiel. Israel konnte sich weder auf die Väter noch auf die Propheten stützen: Sie mussten ihr Vertrauen auf den lebendigen Gott setzen!

Deshalb besteht Vers 6 darauf: „*Meine* Worte und *meine* Beschlüsse, die ich meinen Knechten, den Propheten, gebot." Wenn Menschen auch sterben, „das Wort des Herrn bleibt in Ewigkeit" (1. Pet 1,25). Es ist das einzige Heilmittel am Tag des Abfalls und des Versagens, ob für Israel oder für die Kirche. Aber die Worte Gottes hatten ihre Väter *getroffen* trotz ihres Unglaubens, und erst dann kehrten sie zurück und anerkannten, dass der Herr richtig mit ihnen gehandelt hatte, als Er sie wegen ihres Ungehorsams warnte. Wollte Israel denn aus der Geschichte ihrer Väter nichts lernen?

Eine Vision in der Nacht: Die erste von acht (V. 7–11)

Drei Monate später erging das Wort des HERRN erneut an Sacharja. Es handelt sich hier um eine Prophezeiung, wenn auch in Form einer Vision, die Sacharja bei Nacht sah. Der Mann, der auf einem roten Pferd reitet, wird in Vers 11 der „Engel des HERRN" genannt – der Herr Jesus selbst, der im Alten Testament oft als der Engel oder Bote des HERRN erschien. Pferde werden in Kapitel 6,5 als „Winde [oder: Geister] des Himmels" bezeichnet – die treibende Kraft, die die Reiter aufrecht erhält. Hier ist das Pferd rot, was an Gericht und Blutvergießen erinnert (Jes 63,2–4). Er hält „zwischen den Myrten ... im Talgrund". Die Myrten, die in Niederungen wachsen, symbolisieren Israel, erniedrigt in einen Zustand der Demütigung. Der Engel hält an, er kämpft nicht. Das erinnert uns an Habakuk 3,6: „Er stand und maß die Erde“[1]. Der Herr übt kein überstürztes Gericht, sondern wägt jede Sache vorher in Ruhe ab.

Hinter dem roten Pferd und seinem Reiter folgen weitere rote Pferde, die ebenfalls von Gericht und Blutvergießen reden. Andere Pferde sind „hellrot“, eine Zwischenfarbe zwischen rot und orange. Dies spricht von Gericht, gemildert durch Barmherzigkeit. Auch weiße Pferde sind anwesend – Symbole des Sieges. Diese anderen Pferde warten auf die Zeit, wo ihre Aufgabe erfüllt ist. In einigen Fällen werden schwere Gerichte eintreffen, in anderen Fällen wird Gericht mit Barmherzigkeit vermischt sein, schließlich kommt der endgültige Sieg Gottes über das Böse.

Sacharja fragt, wer diese sind. Dann wird der Engel erwähnt, „der mit mir redete“; er antwortet, dass er es ihm zeigen werde. „Der Engel, der mit mir redete“ (elfmal wird er so genannt), ist von dem „Engel des HERRN“ zu unterscheiden. Die eigentliche Antwort gibt der Mann, der zwischen den Myrten hält, und Vers 11 zeigt, dass es der „Engel des HERRN“ ist; er antwortet, dass diese Pferde vom HERRN ausgesandt sind, um die Erde zu durchziehen. Dann antworten „sie“ – nämlich die roten, hellroten und weißen Pferde – dem Engel des HERRN, dass sie die Erde durchzogen haben und die ganze Erde sich still und ruhig verhält. Hier handelt es sich anscheinend wieder um die Geduld Gottes, bevor Er richtet, so wie wir vor einem heftigen Sturm oft eine Zeit der Ruhe beobachten. Aber ihr Durchziehen der Erde zeigt zugleich, dass ihr Werk noch nicht beendet ist.

Die Verheißung des HERRN, Zion zu trösten (V. 12–17)

Dann wendet sich der Engel des HERRN (Christus), der wahre Fürsprecher seines Volkes, an Gott, den HERRN der Heerscharen, und fragt: „Wie lange willst du dich nicht Jerusalems und der Städte Judas erbarmen, auf die du gezürnt hast diese siebzig Jahre?“ (V. 12). Er spricht von den siebzig Jahren der Gefangenschaft, denn

[1] Siehe dort die Fußnote in der Elberfelder Bibel (Anm. d. Üb.).

obwohl einige von Juda nach Jerusalem zurückgekehrt waren, waren doch viele aus dem Volk noch nicht wirklich von der Unterdrückung durch ihre Feinde befreit, wie Esra und Nehemia bezeugen. Um wie viel mehr kann derselbe Ausdruck heute gebraucht werden: „O Herr, wie lange?" – da nunmehr fast zweitausend Jahre vergangen sind, seit Israel seinen Messias verworfen hat und unter dem Gericht Gottes verharrt.

Die Antwort des HERRN an den Engel, der mit Sacharja redet, besteht in gütigen und tröstlichen Worten, denn Gott ist der Gott alles Trostes und möchte nicht, dass sein Volk durch die Umstände entmutigt wird, sondern *in dem Herrn* wieder Mut fasst. Deshalb weist der Engel, der mit Sacharja redet, ihn an, auszurufen: „So spricht der HERR der Heerscharen: Ich habe mit großem Eifer für Jerusalem und für Zion geeifert." Jerusalem war der Regierungssitz Gottes, und Er würde es trotz vielfacher Versäumnisse seines Volkes nicht preisgeben. Gottes „Eifer" verstehen wir hier im Sinn von „fürsorglich und besorgt". Dieser Eifer ist von bewundernswerter Art. Auch nennt Er Jerusalem „Zion", das ist der besondere Name im Hinblick auf die großen Segnungen, die es im Tausendjährigen Reich, der tausendjährigen Herrschaft des Herrn Jesus nach der Drangsal, empfangen wird. Zion bedeutet „sonnig", denn es erwartet die „Sonne der Gerechtigkeit", die Israel aufgehen wird „mit Heilung in ihren Flügeln" (Mal 4,2); gemeint ist das Kommen des Herrn Jesus in Majestät und Herrlichkeit.

Zugleich kündigt Gott seinen äußersten Zorn über die sicheren Nationen an, die ihre günstigen Umstände nutzten, um die Juden zu unterdrücken, da diese zu Boden getreten und im Unglück waren. Wohl war es wahr, dass Gott seinem eigenen Volk gezürnt und auch zugelassen hatte, dass sie wegen ihres Ungehorsams büßten, ja, er gebrauchte die Heidenvölker, um sie auf vielfache Weise zu strafen. So benutzte Gott die Nationen als Zuchtrute, die dabei aber böse Absichten verfolgten (V. 15) und Israel als Nation vernichten wollten. Viele Nationen hatten seit jener Zeit dieselbe grausame Absicht. Zur Zeit des Endes werden der König des

Nordens und seine Armeen in bitterer Feindschaft gegen Israel heranziehen und versuchen, Israel gänzlich auszurotten. Doch dies ist nicht die Absicht Gottes, wenn Er sein Volk züchtigt: Er möchte sie schließlich wiederherstellen und segnen.

Deshalb sollte es dem ganzen Volk verkündet werden, dass Er sich ihm in seinen Erbarmungen wieder zugewandt habe. Wenn sie gedemütigt waren, um Barmherzigkeit zu empfangen, würden sie reichlich gesegnet werden. Gottes Haus würde in der Stadt gebaut und die Messschnur über Jerusalem gezogen werden. Kapitel 2,1 nimmt Bezug auf diese Messschnur; sie zeigt Gottes lebhaftes Interesse, den genauen Zustand der Stadt wahrzunehmen und sie nach seiner eigenen weisen Einschätzung zur gegebenen Zeit zu segnen.

Wiederum soll Sacharja die Stimme erheben und „ausrufen", um die Aufmerksamkeit des ganzen Volkes zu wecken: „So spricht der *Herr der Heerscharen*." Dieser Name Gottes wird in Sacharja, Haggai und Maleachi besonders hervorgehoben – in einer Zeit, als Juda weit davon entfernt war, eine „Heerschar" (großes Volk) zu sein, sondern auf eine sehr kleine Zahl geschrumpft war. Welche Gnade, dass Gott keiner Einschränkung unterlag: Er war noch immer „der Herr der Heerscharen", und Er verheißt: „Meine Städte sollen noch überfließen von Gutem; und der Herr wird Zion noch trösten und Jerusalem noch erwählen" (V. 17). Die völlige Erfüllung dieser Zusage wird erst dann kommen, wenn Zion in Wahrheit die „sonnige" Hauptstadt der Welt sein wird. Und das wird sein, wenn Jerusalem zum zweiten Mal als wahrhafte „Gründung des Friedens" erwählt wird; unter diesem Namen wird sie sich in dem zukünftigen Zeitalter, dem Tausendjährigen Reich, als beständig erweisen.

Die vier Hörner und die vier Werkleute (V. 18–21)

Eine Vision von vier Hörnern zieht nun die Aufmerksamkeit Sacharjas auf sich. Er fragt den Engel, der mit ihm spricht, nach der Bedeutung dieser Hörner, und es wird ihm gesagt, es seien die Hörner, die Juda, Israel und Jerusalem zerstreut hätten. Vers 21 zeigt, dass es heidnische Mächte sind. Daniel 7,4–7 identifiziert diese vier Reiche. Das erste, ein Löwe mit Adlersflügeln (V. 4), ist Babylon. Das zweite, ein Bär (V. 5), ist das Reich der Meder und Perser. Das dritte, wie ein Leopard mit vier Flügeln und vier Köpfen (V. 6), ist das griechische Reich. Das vierte, ein starkes, furchtbares Tier mit eisernen Zähnen (V. 7), ist das römische Reich. Daniel 2,37–40 bestätigt diese Deutung aus einer anderen Sicht.

Diese vier Feinde, unterschiedlich in ihrem Charakter, sind alle verantwortlich dafür, Juda, Israel und Jerusalem zu zerstreuen. Babylon spricht von erhabener, despotischer Herrschaft, die besonders Nebukadnezar ausübte, der Menschen hinrichten ließ, wie es ihm beliebte, und am Leben ließ, wenn es ihm gefiel (Dan 5,19). Die Meder und Perser brüsteten sich, Gesetze zu erlassen, die nicht verändert werden konnten (Dan 6,9). Das ist harte, stolze Gesetzlichkeit. Griechenland steht für selbstgerechten Grimm, wie Daniel 8,5–8 zeigt. Alexander, der Ziegenbock, griff mit unerbittlicher Wut den Widder an (Medien und Persien). Das römische Weltreich illustriert brutale Macht, mit der dieses Reich regierte und die unterworfenen Gebiete durch überlegene Kraft beherrschte.

Die gleichen bösen Wesenszüge haben sich in der Geschichte der Kirche auf der Erde wiederholt, und auch sie hat darunter sehr zu leiden gehabt. Als Erstes haben sich Menschen erhoben, sich eine Würde angemaßt, als ob sie geistlich über dem allgemeinen Durchschnitt der Heiligen Gottes stünden, und andere haben ihnen diesen Platz willig eingeräumt. Wenn ein solches System zerbricht, greifen die Leute zu dem Prinzip, bindende Gesetze aufzuerlegen, wie es die Meder und Perser taten. Sie mögen mit verhältnismäßig guten Regeln und Vorschriften beginnen, aber dann degenerieren sie zu schlechten Regeln. Doch ob sie gut oder schlecht sind, sie setzen Gottes reine Gnade beiseite, die das einzige Prinzip ist, durch das die Kirche Segen von Gott erlangen kann. Diese Gesetzlichkeit muss ebenfalls zusammenbrechen. Die Gesetze werden so unerträglich, dass die Leute mit selbstgerechter Entrüstung dagegen rebellieren. Mit heftigem Unwillen werden die Fesseln der Gesetze niedergerissen. Wenn sie sich jedoch nicht im Glauben der reinen Gnade Gottes zuwenden, wird ihre neue Freiheit nur zur Unabhängigkeit, ihre eigenwilligen Ziele zu verfolgen. Das führt zu Verwirrung, denn jeder Eigenwille ist dem anderer Menschen entgegengesetzt, auf Eintracht ist nicht mehr zu hoffen. Ein solcher Zustand führt naturgemäß dazu, dass die Stärksten vorherrschen: Macht wird Recht, so wie das römische Reich zum Unterdrücker des Volkes Gottes wurde.

Was ist die Antwort? Der Herr zeigt Sacharja auch vier Werkleute, und Sacharja fragt: „Was wollen diese tun?" Die Antwort lautet, dass, während die vier Hörner Juda zerstreut haben, diese Werkleute gekommen sind, um die Hörner der Nationen in Schrecken zu versetzen und niederzuwerfen. Ihre Vorgehensweise ist planvoll, wirkungsvoll und entschieden, doch die eigentliche Erfüllung konnte zur Zeit Sacharjas nicht erfolgen, denn das griechische und das römische Reich waren noch gar nicht in Erscheinung getreten.

Esra 5,1.2 liefert uns die Namen von vier Männern, die diesen vier Werkleuten auffällig gleichen, und sie lebten alle zu dieser Zeit: Haggai, Sacharja, Serubbabel und Jeschua bzw. Josua. Die ersten beiden waren Propheten, Serubbabel war Statthalter und Jeschua Hoherpriester. Alle vier sind Abbilder des Herrn Jesus, dem einen überragenden „Werkmann" oder „Zimmermann"[2], der aber unter vier verschiedenen Charakterzügen gesehen wird, wie Ihn die vier Evangelien darstellen.

Serubbabel ist als Statthalter ein Vorbild von Christus, wie Ihn das Matthäusevangelium vorstellt: Gottes gesalbter König. So steht er im Gegensatz zur Stadt Babylon, deren hochmütigen Stolz und Autorität Er zunichte macht, während Er selbst den Platz absoluter Autorität einnimmt.

[2] Im Englischen heißt es hier „Zimmermann"; daher die Verbindung zu dem Herrn Jesus als Zimmermann (Anm. d. Üb.).

Haggai, der Diener und Prophet, ist ein Vorbild von Christus, wie Ihn das Markusevangelium zeigt, ein demütiger Diener Gottes im Gegensatz zu der arroganten Gesetzlichkeit der Meder und Perser. In diesem bereitwilligen, demütigen und bescheidenen Dienst des Herrn Jesus liegt die Kraft zur Zerstörung des gesetzlichen Geistes, denn damit gewinnt Er die willige Hingabe derer, die aus Gott geboren sind.

Josua, der Hohepriester, bildet Christus vor, wie wir Ihn in Lukas sehen, den sündlosen Sohn des Menschen, der – weil Er in Gnade an Fleisch und Blut teilgenommen hat (Heb 2,14–17) – der eine Mittler ist „zwischen Gott und Menschen, der Mensch Christus Jesus". So steht Er im Gegensatz zu dem selbstgerechten Zorn der Griechen als Sachwalter für die, die gesündigt haben. Auf wunderbare Weise triumphiert Er über die Wut des Volkes.

Sacharja ist ein Prophet, der die Gottheit des Herrn Jesus hervorhebt (Kap. 9,14–16; 12,10; 13,7; 14,5–17). Das entspricht dem Johannesevangelium und zeigt die ewige Majestät und Macht, mit der der Herr Jesus die brutale Gewalt Roms und den starken Willen derer, die im gegenwärtigen Zeitalter die Kirche Gottes zu beherrschen gesucht haben, besiegen wird. Wie wunderbar ist jeder Charakterzug, in dem wir den Christus Gottes sehen, wie Er das Böse entfernt und das errichtet, was Gott in Ewigkeit verherrlicht! In all diesen vier großartigen Aspekten ist Er *der* „Werkmann".

Kapitel 2

Die dritte Vision: Ein Mann mit einer Messschnur (V. 1–5)

Eine weitere Vision zieht die Aufmerksamkeit Sacharjas auf sich – ein Mann mit einer Messschnur. In Kapitel 1,16 war von einer Messschnur die Rede, die über Jerusalem gezogen werden sollte. Als Antwort auf die Frage Sacharjas sagt ihm der Mann nun, dass er gekommen sei, um die Länge und Breite Jerusalems zu messen. Dieser Mann ist der Herr Jesus, der allein fähig ist, die genauen Umrisse der Ratschlüsse Gottes im Blick auf die zukünftigen Segnungen des irdischen Jerusalem zu erkennen. Beachten wir, dass nur die Länge und die Breite gemessen werden. Im Gegensatz dazu zeigt Offenbarung 21,15.16 die Abmessungen der *himmlischen* Stadt Jerusalem: „Ihre Länge und ihre Breite *und ihre Höhe* sind gleich." Die Höhe der irdischen Stadt wird gar nicht berücksichtigt.

In Vers 3 werden zwei Engel erwähnt. Der eine Engel spricht mit Sacharja, ein weiterer Engel weist den ersteren an, zu laufen und „diesem Jüngling" (Sacharja) zu sagen, dass Jerusalem wegen der Menge Menschen und Vieh in seiner Mitte als offene Stadt (d. h. ohne Mauern) bewohnt werden wird. Das kann nur zukünftig sein, denn Jerusalem war nie so frei von Gefahr, dass es keine „Mauern" brauchte, keinen Schutz vor plündernden Feinden. Es sieht über die Zeit der „Drangsal Jakobs", der großen Trübsal, hinaus, der tausendjährigen Regierung des Herrn Jesus entgegen. Die Ausdehnung Jerusalems wird gewaltig zunehmen, da die „Stadt" nicht nur eine Menge Menschen umschließt, sondern auch Haustiere.

Mauern werden nicht nötig sein, denn der HERR selbst wird ringsum eine feurige Mauer sein, und Er wird „zur Herrlichkeit sein in seiner Mitte". Das wird wahr werden, wenn Israel schließlich in

Reue zusammengebrochen ist und im Glauben den Messias annimmt, den sie zuvor verschmäht und verworfen haben. Dann werden sie sich in einfältigem, bedingungslosem Vertrauen auf die bewährte Treue ihres Erlösers verlassen, der sie nicht versäumen kann. Mauern, Tore und Riegel gibt es nicht mehr (Hes 38,10.11): Der HERR allein wird sie beschützen. Dies sollte ein klares, eindringliches Zeugnis an die Kirche Gottes heutzutage sein, denn auch wir haben zu oft die Hilfe bei Menschen und in Organisationen gesucht, dass sie uns Schutz böten und Hilfe in unserem Zeugnis für Christus vor der Welt. Können wir uns nicht ebenso völlig auf den Herrn allein verlassen, wie Israel es einmal tun wird, wenn sie Ihn annehmen?

An Israels zukünftiger Freude werden viele Nationen teilhaben (V. 6–13)

Vers 6 ist ein Aufruf an die Juden, aus dem Land des Nordens zu fliehen, und Vers 7 weist darauf hin, dass damit Babylon gemeint ist, wo viele aus Juda sich in der Gefangenschaft niedergelassen hatten. Zu dieser Zeit hatten die Meder und Perser Babylon unterworfen, und jetzt wurde den Juden die Freiheit geboten, in ihr eigenes Land zurückzukehren, aber viele waren wohlhabend geworden und wollten nicht noch einmal umsiedeln. Babylon liegt östlich von Israel, wird aber das Land des Nordens genannt, weil Nebukadnezar bei seinen Angriffen auf Israel von Norden her vorstieß. Seitdem ist Israel auch weiter nach Norden hin zerstreut worden, deshalb wird der Norden in vielen Prophezeiungen, die Israels Sammlung beinhalten, besonders erwähnt. Zwar spricht der HERR in Vers 6 auch von der Ausbreitung Israels nach den vier Winden des Himmels – also in jede Richtung von ihrem Land aus –, doch ist der größere Teil der Bevölkerung nach Norden weggeführt worden, und viele sind dort bis auf diesen Tag geblieben.

Zion wird aufgefordert zu entrinnen, denn sie wohnten bei der Tochter Babels. Daraus war ein bereitwilliges, aber falsches Zusammenbleiben geworden. Als Gott sie in die Gefangenschaft sandte, blieb ihnen keine andere Wahl, als dorthin zu gehen (Jer 39,9), aber als sich der Weg zur Rückkehr öffnete, hätten sie ihn sicherlich gehen sollen, doch nur 42.360 folgten dem Aufruf (Es 2,64). Daher wird die Stadt (Zion) so betrachtet, als würde sie noch bei der Tochter Babels wohnen (sesshaft sein). Auch die Kirche ist wegen ihres Ungehorsams gegen Gott in einen Zustand der Verwirrung (das bedeutet der Name „Babylon") gekommen, und mit Beschämung müssen wir uns unter Gottes züchtigende Hand beugen. Aber sollten wir freiwillig in solcher Verwirrung verharren, wenn der Herr uns die Gelegenheit schenkt, uns daraus zu befreien und zu dem Mittelpunkt Gottes und einem redlichen Zeugnis für die Wahrheit des einen Leibes Christi zurückzukehren? Viele erkennen die Wahrheit von dem einen Leib an, aber nur wenige suchen die Gnade, diese Wahrheit in die Praxis umzusetzen, ebenso wie viele Juden damals Jerusalem (den Mittelpunkt Gottes) schätzten, aber in Babylon blieben.

Zion hat sich nie selbst befreit, aber das Wort Gottes wird in der Zukunft seine besondere Wirkung auf sie ausüben, wenn sie tatsächlich befreit werden. Das Werk Gottes wird sich in dieser Hinsicht jedoch erst „nach der Herrlichkeit" vollenden (V. 8), d. h. nach der herrlichen Offenbarung des Herrn Jesus als König der Könige und Herr der Herren. Er wird in Jerusalem zuerst Juda erscheinen (Sach 12,9–14), und die Juden werden in echter Reue vor Ihm zusammenbrechen. Danach wird Er aus Zion hervorgehen (Joel 3,16), um gegen den König des Nordens und seine Armeen zu kämpfen, zusammen mit anderen Armeen, und dann wird Juda wirklich befreit werden. Er wird für sein Volk eifern, denn wer sie antastet, tastet „seinen Augapfel" an, die Pupille, eine überaus empfindsame Stelle. Er fühlt alles zutiefst, was sein geliebtes Volk Israel angeht, und sicherlich nicht weniger das, was seinen Leib, die Kirche angeht.

Der HERR wird seine Hand über die Nationen schwingen, und sie werden Israel zum Raub sein, das ihnen so lange gedient hat (V. 9). Diese gewaltige Umwälzung wird ihnen die Zuversicht geben, dass der HERR der Heerscharen den Herrn Jesus gesandt hat, den Messias Israels, der in Vers 8 selbst „der HERR der Heerscharen“ genannt wird. Wie klar erscheint die Wahrheit von der Gottheit Christi in dieser Aussage des HERRN der Heerscharen, dass „der HERR der Heerscharen mich gesandt hat“.

Kein Wunder, dass zu der Tochter Zions gesagt wird, sie solle jubeln und sich freuen. Derselbe HERR der Heerscharen wird kommen und in ihrer Mitte wohnen. Er wird den Platz höchster Bedeutung einnehmen und damit dem lange erniedrigten und betrübten Volk die größte Freude bereiten.

Die Nationen werden bei der Befreiung Israels nicht nur besiegt werden, sondern viele Nationen werden durch eine einzigartige Gnade gesegnet werden, indem sie sich dem Herrn anschließen, und auch sie werden sein Volk genannt werden (V. 11). Dieses Werk wird so deutlich Gottes Hand zeigen, dass erneut betont wird: „Und du wirst erkennen, dass der HERR der Heerscharen mich zu dir gesandt hat.“ Er ist beides: der Sendende und der Gesandte! Israels Erkenntnis, dass Christus Gott ist, gibt ihren Herzen wunderbare Freude.

„Der HERR wird Juda als sein Erbteil besitzen in dem Heiligen Land.“ Juda ist der königliche Stamm, aus dem Christus kam. Treffend bedeutet dieser Name „Lobpreis“[3]. Das ist das „Teil“, das Ihm von seinem ganzen Volk zusteht. Er wird Jerusalem wieder als Mittelpunkt erwählen. Der Name bedeutet „Gründung des Friedens“. In der Vergangenheit hat die Stadt dem nicht entsprochen, und deshalb ist sie unaufhörlich durch Kriege geplagt worden. Friede muss auf Gerechtigkeit gegründet sein, wie Jesaja 32,17 sagt: „Das Werk der Gerechtigkeit wird Friede sein, und der Ertrag der Gerechtigkeit Ruhe und Sicherheit ewiglich.“ Erst wenn Jerusalem den Herrn Jesus als den Sohn Gottes erkennt, wird es eine Stadt der Gerechtigkeit sein. Und erst dann wird sie mit ihrem Namen „Gründung des Friedens“ übereinstimmen.

[3] D. h. Gegenstand des Preises (Anm. d. Üb.).

„Alles Fleisch schweige vor dem Herrn! denn er hat sich aufgemacht aus seiner heiligen Wohnung“ (V. 13). Wie wunderbar wird nach Jahrhunderten des Aufruhrs, der Verwirrung, des Kummers, des Zorns und der Leiden das Eingreifen des Herrn der Herrlichkeit sein, wenn Er sein langes Schweigen bricht und sich aus seiner heiligen Wohnung aufmacht, um die Messschnur über die Erde zu ziehen! Wie angemessen ist daher der Aufruf an alles Fleisch, vor Ihm still zu sein, so wie schon Amos den Befehl Gottes zu jener Zeit in das eine Wort fasst: „Still!“ (Am 8,3). Er allein ist es, der das stürmische Meer der Welt mit all ihren Konflikten, Unruhen und Leiden zu beruhigen vermag. Der Herr Jesus konnte zu Israel sagen: „Lasst ab [o. seid still] und erkennt, dass ich Gott bin“ (Ps 46,10).

Kapitel 3

Die vierte Vision: Gnade für den Hohenpriester, der das Volk vertritt – Satans Widerstand wird überwunden (V. 1–5)

In Vers 1 zeigt der Engel, der mit Sacharja spricht, ihm Josua, den Hohenpriester, der vor dem Engel des HERRN steht, und Satan steht zu seiner Rechten, um ihm zu widerstehen. Wir haben gesehen, dass der Engel des HERRN Christus ist. Josua ist als Hoherpriester ein Vorbild von Christus, wird hier aber als stellvertretend für Israel gesehen. Er ist mit schmutzigen Kleidern bekleidet, weil er die Verantwortung für die Sünde Israels auf sich nimmt. Satan, der Verkläger (was sein Name bedeutet), widersteht zweifellos durch die Anklagen, die er wegen der Sünden Israels vorbringen kann. Wie überwältigend würde diese Schuld normalerweise sein!

Doch die Worte, die der Herr an Satan richtet, sind wunderbar: „Der HERR schelte dich, Satan! ja, es schelte dich der HERR, der Jerusalem erwählt hat! Ist dieser nicht ein Brandscheit, das aus dem Feuer gerettet ist?" (V. 2). Wie groß auch immer die Schuld und die Schande des Volkes Israel sein mögen, für den HERRN ist nichts zu schwierig. Er vermag die Schuld und den Schandfleck der Sünde gerecht und vollständig zu entfernen. Die Grundlage dafür ist bereits auf dem Kreuz von Golgatha gelegt worden; und alle, die heute auf den Christus Gottes vertrauen, werden kraft dieses großen Opfers von ihren Sünden gereinigt. Israel hat Ihn jahrhundertelang abgewiesen, aber wenn der Überrest Israels Ihn schließlich annimmt, werden sie „ein aus dem Feuer gerissenes Brandscheit" sein, und die Ungerechtigkeit ihres Landes wird an einem Tag weggenommen werden (V. 9). Dieses Kapitel gibt uns einen prophetischen Ausblick auf diesen Tag.

Dann spricht der Engel des HERRN zu denen, die dabeistehen, und befiehlt ihnen, Josua die schmutzigen Kleider auszuziehen. Das weist auf die Reinigung von den Sünden hin, ein großartiges Ergebnis des Wertes des Opfers Christi. Aller Schmutz wird beseitigt, doch das genügt Gott noch nicht. Er spricht zu Josua und sagt ihm: „Siehe, ich habe deine Ungerechtigkeit von dir weggenommen, und ich kleide dich in Feierkleider" (V. 4). Das ist Gottes Art und Weise, dem Gläubigen Gerechtigkeit zuzusprechen: Es ist die Wahrheit von der Rechtfertigung, die beinhaltet, dass Gott einen Menschen für gerecht erklärt, in völligem Gegensatz zu seiner Schuld. Gott hat nicht nur unsere riesige *Schuld* getilgt, sondern Er hat uns auch ein Guthaben an Gerechtigkeit gegeben, wie es sein eigenes Herz erfreut. Das Kleid der Gerechtigkeit ist Christus selbst – Christus, unsere Gerechtigkeit (1. Kor 1,30). Auch Israel wird in Zukunft „in Christus" herrlich bekleidet sein. Es wird unbegreifliche, reine Gnade sein, eine großartige Antwort auf das Gebet Israels in Psalm 90,17: „Und die Huld [o. Lieblichkeit] des Herrn, unseres Gottes, sei über uns!"

Besonders erwähnt wird noch der Kopfbund Josuas. Wenn wir Christus annehmen, ändert sich unsere Einstellung vollständig. So wird es auch bei dem Volk Israel sein: Ihre Denkweise wird eine wunderbare Korrektur erfahren, wenn sie einmal ihren wahren Messias aufnehmen (Jesaja 53,4.5). Gott wird ihnen ihren makellosen Kopfbund geben. „Und der Engel des HERRN stand dabei." Im Vorbild ist es der Herr Jesus selbst, der ein lebhaftes Interesse an der Veränderung seines Volkes Israel hat.

Der Gnade folgt Verwaltung (V. 6.7)

Nach diesem Werk reiner Gnade ermahnt der Engel des HERRN Josua. In diesem Werk der Gnade an ihm gab es kein „Wenn", aber jetzt, wo es darum geht, dass er die Angelegenheiten des Hauses Gottes richten (oder verwalten) und dessen Vorhöfe behüten und einen Platz der Würde unter den Dabeistehenden haben soll, ist von einem „Wenn" die Rede. All dies hängt davon ab, dass Josua den Dienst Gottes gewissenhaft ausführt. Ähnlich ist es heute: Auch wenn jemand durch Gottes Gnade völlig errettet ist, muss er sich doch im Halten des Wortes Gottes als zuverlässig erweisen, wenn er mit irgendeiner ehrenvollen Aufgabe in Verbindung mit der Aufrechterhaltung des echten Zeugnisses vom Haus Gottes, der Versammlung, betraut werden soll. Solche, die dabeistehen, sind vielleicht alle die, die auf das Wohlergehen des Hauses Gottes bedacht sind.

Der Spross und der Stein (V. 8–10)

Die Verse 8–10 wenden das, was vorausging, in prophetischer Hinsicht an. Josua und seinen Gefährten, die vor ihm sitzen (die priesterliche Familie), wird gesagt, dass sie hören sollen, weil sie „ein wunderbares Zeichen" sind, d. h. sie dienen als Symbole, indem sie die zukünftige Segnung Israels voraussagen, wenn der Messias in Macht und Herrlichkeit offenbart wird. Gott erklärt: „Ich will meinen Knecht, Spross genannt, kommen lassen." Das bezieht sich auf den Herrn Jesus als einen wunderbaren Spross aus dem abgestorbenen Stumpf des Volkes Israel. Er ist tatsächlich die einzige Quelle aller zukünftigen Segnung. Jeremia 23,5 zeigt, dass der „Spross" König ist (wie in Matthäus). Er ist *Knecht* (Diener) wie in Markus (Sach 3,8), Er ist *der Mensch* (oder Mann) wie in Lukas (Sach 6,12), und Er ist *der Herr* wie in Johannes (Jes 4,2).

Vers 9 führt Christus unter einem anderen Bild als Fundament ihrer Segnung ein, als den Stein, der vor Josua hingelegt ist. Jesaja 28,16 hat hierauf Bezug: „Siehe, ich gründe einen Stein in Zion, einen bewährten Stein, einen kostbaren Eckstein, aufs Festeste gegründet." Auf diesem Stein sind sieben Augen. Das erinnert uns an Offenbarung 5,6, wo wir „sieben Augen" finden, „die die sieben Geister Gottes sind, die gesandt sind über die ganze Erde". Sie sprechen von der siebenfachen (oder vollkommenen) Kraft der Wahrnehmung des Geistes Gottes, gesehen in der Person des Herrn Jesus (als das Lamm in der Offenbarung und als der Stein in Sacharja). Gottes eigene „Eingrabung" auf dem Stein spricht von Christus als dem Ausdruck (oder Abdruck) des Wesens Gottes (Heb 1,3). Das hat Gott mit Worten bezeugt, die keine Ungewissheit zulassen, als aus der prachtvollen Herrlichkeit seine Stimme erging: „Dieser ist mein geliebter Sohn, an dem ich Wohlgefallen gefunden habe" (2. Pet 1, 17). Eingegraben in eben diese seine Person ist die kostbare Wahrheit, dass in Ihm „die ganze Fülle der Gottheit" leibhaftig wohnt (Kol 2,9). Dieser Vers stellt somit ein schönes Zeugnis von der Wahrheit der Dreieinheit dar, die sich in der Person Christi offenbart.

Das ist das solide Fundament, von dem aus „der HERR der Heerscharen" versichern kann, dass Er „die Ungerechtigkeit dieses Landes [hinwegnehmen wird] an einem Tag" (V. 9). Wer anders kann dies tun als der ewige Gott (Vater, Sohn und Heiliger Geist), offenbart in der Person des Herrn Jesus? Die Grundlage der Entfernung der Schuld ist vor langer Zeit gelegt worden, als Er sein Leben auf Golgatha darlegte. Obwohl Israel sich geweigert hat, Ihn als Heiland anzunehmen, wird dennoch, wenn Gott das Herz dieses Volkes in der großen Drangsal zu sich selbst zurückbringt, die Ungerechtigkeit des Landes an einem Tag weggenommen werden, an dem Tag, wo Christus in Majestät auf dem Ölberg erscheint und das Herz des Volkes in echter Buße vor Ihm dahinschmilzt (Sach 12,10–14).

„An jenem Tag", der auch den nachfolgenden Tag des „zukünftigen Zeitalters", das Tausendjährige Reich, einschließt, werden sie „einer den anderen einladen unter den Weinstock und unter den Feigenbaum" (V. 10). Der Weinstock steht symbolisch für Juda, das im Weinberg Israel gepflanzt (Jes 5,7), infolge seines Ungehorsams jedoch verwüstet ist (Jes 5,5). Der Feigenbaum ist ein Abbild des nach der Gefangenschaft wiederhergestellten Juda, ein Feigenbaum, der in den Weinberg gepflanzt war (Lk 13,6), an dem aber der Herr (als Er kam) keine Frucht fand. Judas Versagen und Ruin waren vollständig, doch die Gnade des Herrn Jesus wird es an jenem zukünftigen Tag auf wunderbare Weise wiederherstellen. Sein Frieden und Wohlstand werden prächtig beschrieben in den beschaulichen, erfrischenden Szenen sozialen Wohlergehens und der Gemeinschaft; jeder ist glücklich unter dem

Weinstock und dem Feigenbaum. Alle werden dann das Wunder der Gnade Gottes kennen gelernt haben, der all das traurige Versagen des Volkes sowohl in dem früheren Zustand vor der Gefangenschaft als auch später nach der Rückkehr aus der Gefangenschaft beseitigt. Weil sie tief empfinden, dass ihre ganze Geschichte ein ständiges Versagen war, werden sie die Gnade Gottes so wertschätzen, dass sie sich glücklich preisen, die empfangenen Segnungen mit anderen zu teilen.

Kapitel 4

Die fünfte Vision: Der Leuchter (V. 1–14)

Die nächste Vision erfordert es, dass Sacharja von dem Engel, der mit ihm sprach, geweckt wird. Unsere natürliche Neigung würde die Wahrheit einer solchen Vision nicht erkennen: Wir sind von Natur aus unempfänglich für diese Dinge und brauchen ein Aufwecken durch göttliche Kraft. Das Kernstück der Vision wird in Vers 6 ausgedrückt: „Nicht durch Macht und nicht durch Kraft, sondern durch meinen Geist, spricht der HERR der Heerscharen“, und 1. Korinther 2,14 erinnert uns: „Der natürliche Mensch aber nimmt nicht an, was des Geistes Gottes ist, denn es ist ihm eine Torheit, und er kann es nicht erkennen, weil es geistlich beurteilt wird.“ Auch wir benötigen ein Aufwecken durch eine Macht außerhalb unserer selbst, um die Dinge zu verstehen, die Gott uns so reichlich und umsonst gegeben hat. Wir brauchen eine göttliche Offenbarung.

Der Engel fragt, was Sacharja sieht, denn er wünscht seine volle Aufmerksamkeit. Und Sacharja sagt: „Ich sehe.“ Er sieht einen goldenen Leuchter, der uns an den Leuchter in der Stiftshütte erinnert (2. Mo 25,31), mit einem Ölbehälter an seinem oberen Ende und sieben Öllampen, die durch sieben Gießröhren vom Ölbehälter aus gespeist werden. Daneben stehen zwei Olivenbäume, einer auf der rechten und einer auf der linken Seite. Das Öl kommt von diesen beiden Bäumen.

Der Leuchter spricht von Christus, in dem die ganze goldene Herrlichkeit Gottes offenbart ist. Er ist es, der das wahre Zeugnis über Gott aufrechterhält, wovon das Licht spricht. In der Stiftshütte sollten die Lampen so angezündet werden, dass „sie gerade vor ihm [dem Leuchter] hin“ schienen. Das Licht sollte nicht nur den Raum erhellen, *sondern der Leuchter selbst sollte gesehen werden*, so wie das Licht Gottes auf den Herrn Jesus gerichtet ist, der das göttliche Zeugnis aufrechterhält.

Die Bedeutung der beiden Olivenbäume wird am Ende des Kapitels erklärt; wir kommen an dieser Stelle darauf zurück.

Diese Vision weckt Sacharjas Interesse (V. 4), obwohl er gegenüber dem Engel zugeben muss, dass er nicht weiß, was sie bedeutet (V. 5). Daran anknüpfend, übermittelt der Engel eine Botschaft Gottes, die von entscheidender Bedeutung ist, nicht nur für Israel, sondern für die gesamte Menschheit, in jedem Bereich und zu aller Zeit. Es ist das Wort des HERRN, gerichtet an Serubbabel, denn er repräsentiert Macht und Regierungsgewalt. Ihm wird gesagt: „Nicht durch Macht und nicht durch Kraft, sondern durch meinen Geist, spricht der HERR der Heerscharen." Wir haben erst kürzlich den überraschenden Zusammenbruch autoritärer Regierungen in verschiedenen kommunistischen Ländern erlebt. Die Erbitterung des Volkes über solche Herrschaft muss zu gegebener Zeit zur Auflehnung führen. Wie gut zu wissen, dass die große Autorität und Macht des Herrn Jesus durch die Gnade seines Priestertums vollkommen im Gleichgewicht gehalten wird! Die Könige der Welt wissen davon nichts.

Serubbabel bedeutet „durch Babylon geschmolzen", was die herablassende Gnade des Herrn Jesus erkennen lässt, der sich selbst mit Israel einsmacht, indem er die tiefe Not der Demütigung durch die Gefangenschaft unter der Tyrannei Babels mitfühlt. Er, der die erniedrigende Schmach seines Volkes zutiefst empfindet, ist zugleich derjenige, der sie aus den Fesseln heidnischer Unterdrückung zu befreien vermag. Deshalb lenkt die Frage „Wer bist du, großer Berg?" (V. 7) unsere Aufmerksamkeit auf die heidnischen Mächte, angefangen mit Babel, die ein so großes Hindernis für Israels Segnung gewesen sind. Aber vor Serubbabel wird dieser Berg zur Ebene werden – keinerlei Hindernis mehr! Zweifellos ist Serubbabel in diesem Fall ein Bild von dem Herrn Jesus.

Mehr noch: „Er wird den Schlussstein herausbringen unter lautem Zuruf: Gnade, Gnade ihm!" Der Schlussstein oder Giebelstein des Gebäudes (des Tempels) bedeutet seine Fertigstellung. So wie Christus das Fundament des Bauwerks ist, ist Er auch seine Vollendung. Auch wird überwiegend Gnade gesehen werden, im Gegensatz zu „Macht“ und „Kraft“. Die Gnade wird unter dem Volk Freudenrufe hervorbringen. Das wird im Besonderen am Tag der Wiederherstellung Israels geschehen, doch schon heute sind die Gläubigen bevorrechtigt, im Voraus die Wirklichkeit der Gnade Gottes zu kennen. Diese Gnade wird in dem Herrn Jesus gesehen – Er ist die Grundlage des geistlichen Hauses, der Versammlung Gottes, und der „Vollender des Glaubens“, der alle Ratschlüsse Gottes hinsichtlich der Kirche letztlich vollkommen ausführt.

Das Wort der HERRN gibt Sacharja weitere Aufschlüsse über diese fünfte Vision. „Die Hände Serubbabels haben dieses Haus gegründet, und seine Hände werden es vollenden; und du wirst erkennen, dass der HERR der Heerscharen mich zu euch gesandt hat“ (V. 9). Obwohl von der Grundlegung des Tempels bis zu dieser Prophezeiung eine beträchtliche Zeit vergangen war, war er noch lange nicht fertig. Doch Gott bestimmte eindeutig, dass Serubbabel ihn vollenden sollte. Und wenn die Vollendung stattfand, würde das der deutlichste Beweis dafür sein, dass es „der HERR der Heerscharen“ war, der „mich zu euch gesandt hat“. Wer ist es, der gesandt wurde? Die Sprache soll hier den typischen Charakter dieser Prophezeiung hervorheben: Sie schaut voraus auf den zukünftigen Tempel in Jerusalem, von dem Israel weiß, dass der Messias ihn zu seiner Zeit bauen wird. *Der, den der HERR der Heerscharen gesandt hat, ist deshalb der Messias Israels, der Herr Jesus.* Er wird es sein, der die Anweisungen gibt, sowohl den Tempel zu gründen als auch den Bau zu vollenden. In der gegenwärtigen Zeit ist dies ein Bild von dem geistlichen Haus, der Kirche (Versammlung), dessen Fundament, Eckstein und Schlussstein der Herr Jesus selbst ist. Er ist der Baumeister, und Er ist persönlich mit der Errichtung des gesamten Bauwerks beschäftigt.

Beim Anbruch des zukünftigen glorreichen Zeitalters wird es für Israel völlig offenbar sein, dass es tatsächlich der HERR der Heerscharen ist, der Gott Israels, der den Herrn Jesus Christus, den Messias, gesandt hat. In der Überzeugung des Volkes wird es keinen Zweifel mehr geben, auch wenn sie Ihn, als Er zuerst in Niedrigkeit und Gnade kam, als den vom Vater gesandten Sohn Gottes verwarfen.

In der Zwischenzeit, wo die großartige Herrlichkeit des Tausendjährigen Reiches auf sich warten lässt und wir nur große Schwachheit statt Kraft sehen und viel Versagen statt Sieg, stellt der Herr eine äußerst wichtige Frage: „Wer verachtet den Tag kleiner Dinge?" Während wir auf den zukünftigen Tag der Herrlichkeit warten, sollten wir uns immer freuen, wenn Gott in seiner Gnade echte, geistliche Segnung darreicht, um uns im Glauben zu ermuntern. Heutzutage möchte Gott uns die Worte des Herrn Jesus einschärfen: „Wer im Geringsten treu ist, ist auch in vielem treu" (Lk 16,10). Wenn Er uns in unserem Zeugnis von der Wahrheit des Evangeliums oder der Wahrheit von der Versammlung keinen großen Segen gibt, mag der Grund dafür darin liegen, dass wir es an Treue fehlen ließen, den Segen, den Er uns schon gegeben *hat*, zu bewahren! Jedenfalls verachtet der Glaube nicht die kleinen Dinge und kann geduldig auf große Dinge, die verheißen sind, warten.

„Und mit Freuden werden jene sieben das Senkblei in der Hand Serubbabels sehen." Serubbabel ist ein Bild von Christus als dem Baumeister, dessen Haus senkrecht wie waagerecht eine vollkommene Quadratform aufweist. Die sieben Augen weisen auf Kapitel 3,9 zurück – die Augen auf einem Stein (Christus); es sind die Augen des Herrn, die die ganze Erde durchlaufen. Das lässt sich mit Offenbarung 5,6 vergleichen: „die sieben Geister Gottes ..., die gesandt sind über die ganze Erde", d. h. die siebenfache Kraft des Geistes Gottes, der große Freude daran hat, die Aufmerksamkeit auf Christus als den Baumeister seines Hauses zu lenken. Diese Augen vollkommener Wahrnehmung haben Kenntnis von allem, was auf der ganzen Erde geschieht. Aber dabei finden sie nichts, was auch nur entfernt mit der Würde der Person Christi zu vergleichen wäre.

Die zwei Olivenbäume, je einer zu beiden Seiten des Leuchters, rufen das besondere Interesse Sacharjas hervor (V. 11), und er fragt den Engel danach. Aber noch bevor er eine Antwort empfängt, fragt er weiter nach den beiden Zweigen der Olivenbäume neben den zwei goldenen Röhren, die das goldene Öl von sich aus ergießen. Sie wurden in den Versen 2 und 3 nicht erwähnt, aber offensichtlich leiten die Zweige der Bäume, die mit den goldenen Röhren verbunden sind, das Öl zu den sieben Lampen. So wie der Leuchter und die Röhren aus Gold sind, wird auch von dem Öl gesagt, dass es aus Gold ist. Dies unterstreicht die Gottheit des Geistes Gottes, ebenso wie die Herrlichkeit der Gottheit Christi durch den goldenen Leuchter betont wird.

Der Engel antwortet, dass die Bäume mit ihren Zweigen „die beiden Söhne des Öls"[4] sind, die „bei dem Herrn der ganzen Erde stehen" (V. 14). Was sie bedeuten, verstehen wir leicht, wenn wir uns daran erinnern, dass in Israel im Allgemeinen Priester und Könige mit Öl gesalbt wurden, und wenn wir Sacharja 6,13 beachten, wonach Christus Priester auf seinem Thron sein wird. In der alttestamentlichen Geschichte konnte das niemals vorkommen, denn Priester konnten nur aus der Linie Aarons kommen, und Könige konnten aus dieser Linie nicht kommen. Aber Christus wird beides sein, Hoherpriester und König.

Die Olivenbäume symbolisieren daher das Priestertum und das Königtum des Herrn Jesus. Diese beiden wertvollen Tatsachen liefern Öl für den goldenen Leuchter des Zeugnisses, d. h. die Kraft des Geistes Gottes wird in den hervorragenden Kennzeichen gesehen, die mit dem Herrn Jesus als dem von Gott erwählten König und als dem Hohenpriester Gottes verknüpft sind. Wie wir sahen, betont der goldene Leuchter auch die Gottheit dieser Person, die das Zeugnis Gottes aufrechterhält.

[4] Die englische *New King James Version* hat hier „die beiden Gesalbten" (Anm. d. Üb.).

Kapitel 5

Die sechste Vision: Eine fliegende Rolle (V. 1–4)

Die fünf vorausgegangenen Visionen haben sehr schön die Gnade Gottes beschrieben, wie Er dem Volk Israel nach Jahren der Not und der Verwüstung wieder große Segnungen zuwendet. Die beiden Visionen (die sechste und die siebte) in diesem Kapitel tragen einen anderen Charakter. „Nicht alle, die aus Israel sind", werden an Israels zukünftigem Segen teilhaben (Röm 9,6). Einige werden in ihrer Sünde verharren, wie Jesaja 26,10 zeigt: „Wird dem Gesetzlosen Gnade erzeigt, so lernt er nicht Gerechtigkeit: Im Land der Geradheit handelt er unrecht und sieht nicht die Majestät des HERRN." Deshalb wird Gott dieser hartnäckigen Verstocktheit durch gerechtes Gericht begegnen, nicht in vergebender Gnade. Sünde muss aus dem Reich des Herrn Jesus Christus weggesäubert werden.

Sacharja hebt seine Augen auf und sieht eine große fliegende Rolle, zwanzig mal zehn Ellen. Sie wird vor ihm entrollt, sodass er ihre Abmessungen sehen kann – die gleichen wie bei der Halle vor dem salomonischen Tempel (1. Kön 6,3) und wie beim Heiligtum der Stiftshütte. Sie ist auf beiden Seiten beschrieben, ebenso wie die steinernen Gesetzestafeln (2. Mo 32,15) und künftig das Buch der Gerichte Gottes in Offenbarung 5,1. Die Rolle zeigt, dass Gott genauestens Buch führt; und so wie das Gesetz jede Übertretung verurteilt und jeden verflucht, der ihm nicht gehorcht (5. Mo 22,15–26), ist auch diese Rolle als Fluch bestimmt, der über die Fläche des ganzen Landes ausgeht. Das ganze Land Israel war durch den Ungehorsam des Volkes verunreinigt worden, und solche, die in ihrem sündigen Zustand der Auflehnung verharrten, würden das ernste Gericht dieses Fluches erleiden. Und dass es eine fliegende Rolle ist, zeigt, dass das Gericht, wenn es losbricht, sich rasch vollziehen wird.

Hier werden nur zwei Klassen von Übertretern erwähnt: solche, die stehlen, und solche, die schwören (V. 3). Letztere werden in Vers 4 näher beschrieben als solche, die bei dem Namen Gottes falsch schwören. Beide Gruppen werden durch den Fluch gerichtet werden, die eine entsprechend der einen Seite der Rolle, die andere entsprechend der anderen Seite. Das bedeutet, dass die eine Seite der Rolle mit der Sünde gegen Menschen zu tun hat (stehlen) und die andere Seite mit der Sünde gegen Gott (falsch schwören). In diesem Fall entspricht das der Aufzählung der zehn Gebote in Lukas 10,27: „Du sollst den Herrn, deinen Gott, lieben aus deinem ganzen Herzen und mit deiner ganzen Seele und mit deiner ganzen Kraft und mit deinem ganzen Verstand, und deinen Nächsten wie dich selbst." Was für Sünden wir auch immer gegen Mitmenschen begehen, es steckt ein Element des Stehlens darin, und jede Sünde, die wir gegen Gott begehen, hat ein Element der Falschheit in sich. Menschen, die diese Wurzeln des Bösen in ihrem eigenen Herzen noch nicht gerichtet haben (unbekehrte Menschen), werden dem Fluch des Gerichtes Gottes nicht entrinnen, sondern weggefegt werden.

Es ist der HERR der Heerscharen, der den Fluch ausgehen lässt (V. 4). Der Dieb mag nun in das Haus anderer Leute eindringen, aber der Fluch wird in sein eigenes Haus kommen, und das nicht nur eben zu einem flüchtigen Besuch, sondern er wird bleiben, um das Haus bis auf seine Grundfesten zu zerstören. Die Vernichtung seines Gebälks und seiner Steine steht symbolisch für die Zerstörung aller persönlichen Interessen und des Besitzes der irregeführten Ungläubigen in Israel. Damit ist nicht das Gericht des Feuersees gemeint, sondern das Gericht des Herrn während der großen Drangsal, durch das Er alle Ärgernisse aus seinem Reich ausrotten wird. Dieses Gericht findet somit auf der Erde statt. Erst viel später werden die gleichen Ungläubigen vor dem großen weißen Thron stehen und nach ihren Werken gerichtet werden (Offb 20,11–13).

Die siebte Vision: Das Epha und die Frau (V. 5–11)

Der Engel lenkt nun die Aufmerksamkeit Sacharjas auf eine weitere Vision und fragt ihn, was das sei, das da hervorkomme (V. 5). Das Epha war eine Maßeinheit, und ein Gefäß von dessen Größe trug dieselbe Bezeichnung. Hier steht es für das Prinzip von Gewerbe und Handel, die ehrlich betrieben werden sollten (Hes 45,10). In Israel jedoch waren sie häufig durch Habgier pervertiert (Am 8,5), wie wir es auch heute allenthalben kennen. Muss das immer so bleiben? Nein! Gott hatte angeordnet, dass das Epha hervorkommen sollte, weil „solches … ihr [Fußnote: d. h. der Diebe und Meineidigen] Aussehen im ganzen Land" ist. Das ganze Land Israel wurde durch die Verfälschung des Ephas benachteiligt, denn die Verfälschung wird in dem Epha gesehen (V. 6). Er sieht eine Frau, die da sitzt. Frauen, die ihrer Rolle nach der Schrift entsprechen, sind oft gottesfürchtiger und treuer als Männer, aber eine Frau außerhalb ihrer Bestimmung kann sich selbst mehr verderben als Männer, wie Isebel, die Frau Ahabs, veranschaulicht (1. Kön 21,25). Im Neuen Testament symbolisiert Isebel die Bosheit der falschen Kirche (Offb 2,20), und ähnlich wird die falsche Kirche, Babylon die große, in Offenbarung 17,4.5 als Frau dargestellt.

Die Frau hier spricht von Israel, wie es der Profitgier durch Gewerbe und Handel ergeben ist. Sie ist die personifizierte „Gesetzlosigkeit" und wird in das Epha hineingeworfen, woraufhin eine Bleischeibe von einem Talent Gewicht (etwa 45 kg)[5] auf die Öffnung des Ephas geworfen wird. Das illustriert, wozu Reichtümer gewöhnlich führen: Sie werden zu einer schrecklichen Last, durch die das Opfer gefangen ist, ohne dass es noch auf Befreiung hoffen kann. Die Sünde muss bestraft werden. Diese Vision zeigt, dass das Grundprinzip der Sünde verbannt werden wird, doch Menschen, die es erwählen, werden ebenfalls die Verbannung Gottes erleiden.

[5] Die englische *New King James Version* hat hier „ein Talent Blei" (Anm. d. Üb.).

Nach dieser Vision der Boshaftigkeit in Gestalt einer Frau, die in ein Epha geworfen und mit einem schwerem Deckel niedergehalten wird, sieht Sacharja dann zwei Frauen hervorkommen (V. 9), die Flügel wie ein Storch haben, und der Wind bläht ihre Flügel. Sie versinnbildlichen zivile und geistliche Autorität, jedoch verkümmert zu einem üblen Zustand – im Gegensatz zu Serubbabel (zivile Autorität) und Josua (geistliche Autorität), die Gott zum Segen für Israel verordnet hatte. Durch diese verdorbenen Autoritäten wird das abtrünnige Israel (die Frau in dem Epha) schnell von Jerusalem (der „Gründung des Friedens") weggetragen. Die Flügel des Storches (eines unreinen Vogels der Lüfte) weisen auf satanische Macht hin, die diese Autoritäten antreibt.

Wohin bringen sie das Epha? Als Sacharja diese Frage stellt, antwortet ihm der Engel, der mit ihm spricht: „Um ihm ein Haus zu bauen im Land Sinear" (V. 11). Das erinnert an die Ebene im Land Sinear, wo der Turm von Babel erbaut wurde (1. Mo 11,2–4). In dem Wegtragen erkennen wir daher das Wesen des Abfalls (bewusste Abwendung von der Wahrheit Gottes), was zeigt, dass die Gottlosen in Israel sich zu denselben bösen Absichten und Plänen zurückwenden werden, denen der Turmbau zu Babel entsprang. Das Epha wird dort auf seinem eigenen Grund aufgerichtet werden, im Gegensatz zu der Gründung Gottes auf den Bergen der Heiligkeit (Ps 87,1). Wie nahe beieinander sind niedrige Gewinnsucht (das Epha mit der verdorbenen Frau) und das widerwärtige Prinzip der Abfalls!

Der Abfall kann ein Haus bauen, um der Habgier zu frönen, ja, ihr zu hoher religiöser Würde zu verhelfen, genauso wie wir es im Neuen Testament bei der falschen Kirche, Babylon der großen, sehen (Offb 18,10–16). Aber ihr Fundament ist nicht Gottes Fundament, und völlige Zerstörung steht ihr bevor, so wie an einem zukünftigen Tag das „große Babylon" von der Hand Gottes völlig vernichtet werden wird (Offb 18).

Dieses Kapitel zeigt uns somit, dass jene Menschen in Israel, die ihre eigene Sünde vorziehen, gerichtet werden. Und das Grundprinzip der Sünde, wie wir es in der völligen Abwendung von Gott durch Abfall sehen, wird an einen Ort verbannt werden, wo das Gericht es gänzlich zerstören wird.

Kapitel 6

Die achte Vision: Vier Wagen (V. 1–8)

In der letzten seiner Visionen sieht Sacharja vier Wagen, die zwischen zwei Bergen hervorkommen. Da die Stadt Jerusalem der Hauptgegenstand der Prophezeiung Sacharjas ist, sind die beiden Berge offensichtlich der Berg Zion und der Ölberg, zwischen denen das Tal Josaphat lag. Sie werden Berge aus Erz (oder Kupfer) genannt, was die Heiligkeit Gottes in seiner Regierung betont. Es ist offensichtlich Gott, der die Wagen aussendet und damit eine bestimmte Absicht verfolgt.

Den ersten Wagen ziehen rote Pferde, den zweiten schwarze Pferde, den dritten weiße und den vierten scheckige, starke Pferde. Diese vier Pferde stellen eine gewisse Antwort Gottes auf die vier Reiche dar, die Israel verwüsteten. In diesem Fall ist die Antwort jedoch nicht unmittelbares Gericht, sondern Gottes souveräne Regierung. Auf die Frage Sacharjas antwortet ihm der Engel: Diese Pferde „sind die vier Winde [o. Geister] des Himmels, die ausgehen, nachdem sie sich vor den Herrn der ganzen Erde gestellt haben" (V. 5). Sie sind also *wirksame Prinzipien*, die hinter den Kulissen ihre wirkungsvolle Kraft entfalten.

Die Farben der Pferde werden in anderer Reihenfolge genannt als in Offenbarung 6, weil ihre Bedeutung unterschiedlich ist. Rot steht für Anziehungskraft, so wie Babylon, das Reich Nebukadnezars, durch seine Großartigkeit die Aufmerksamkeit der ganzen Erde auf sich zog (Dan 4,10–22). Somit zeigen die roten Pferde an, dass die Macht Gottes der Macht Nebukadnezars überlegen ist.

Vers 6 übergeht die roten Pferde bei der Betrachtung des Wirkungsbereichs und beginnt mit den schwarzen, denn das babylonische Reich hatte bereits den Medern und Persern Platz gemacht, sodass

Babylon keine Bedrohung mehr für Israel darstellte. Aber auch die Meder und Perser traten allmählich in den Hintergrund; die schwarzen Pferde scheinen auf die Finsternis hinzuweisen, in der dieses Reich schließlich unterging. Die schwarzen Pferde zogen aus nach dem Land des Nordens, da die Meder und Perser ihr Reich in dieser Richtung mächtig ausgedehnt hatten, sodass sie den Zorn Alexanders und der Griechen erregten (Dan 8,4–7).

„Die weißen ziehen aus hinter ihnen her." Weiß spricht von Sieg. Alexander der Große errang spektakuläre Siege über die Meder und Perser und bei vielen anderen Unternehmungen. Aber der wahre Sieg liegt in den Händen des Herrn Jesus, und auch das griechische Weltreich würde durch den erhabenen Sieg des Herrn der Herrlichkeit mühelos überwunden werden. Alexanders Königreich umfasste dieselben nördlichen Gebiete wie das Reich der Meder und Perser, aber die weißen Pferde des Herrn würden ihn bezwingen.

Die Pferde des vierten Wagens werden in den Versen 6 und 7 unterteilt gesehen, indem die scheckigen nach dem Land des Südens ziehen und die starken hingehen, um die Erde zu durchziehen. Dies zeigt das Handeln Gottes gegenüber dem römischen Reich, zuerst in seinem ursprünglichen Zustand und dann in seinem zukünftigen Zustand, wenn es wiederhergestellt ist, während der Drangsalszeit. Die Eroberungen Roms führten sie zuerst nach Süden; doch wenn das Reich wiederersteht, wird es versuchen, seine Macht so weit wie möglich auf der Erde auszudehnen. Gott weiß diesen Dingen zu begegnen. Die scheckigen Pferde reden von Gericht, das durch Erbarmungen gemildert ist, und deuten möglicherweise darauf hin, dass das Gericht Gottes über das ursprüngliche römische Reich nicht so verheerend war, wie es gegenüber dem wiedererstehenden römischen Reich sein wird, wenn die „starken Pferde" die stolze Kraft des Tieres und seiner Armeen überwinden werden. Die alles beherrschende Macht Gottes wird die Macht Roms sogar dann beherrschen und steuern, wenn sie sich Gott entgegensetzt.

Die Krönung des Hohenpriesters (V. 9–11)

Nachdem die Reihe der acht Visionen abgeschlossen ist, ergeht das Wort des HERRN an Sacharja mit einer sehr bedeutenden Botschaft. Jetzt, wo alle widersetzliche Autorität niedergeworfen ist, wie die vier Wagen andeuten, sollen wir eine Autorität am richtigen Platz sehen, die Gottes Zustimmung hat. Das ist eindeutig ein symbolischer Hinweis auf die zukünftige Krönung des Herrn Jesus als Priester auf seinem Thron.

Sacharja wird angewiesen, von drei Weggeführten, die aus Babel gekommen und im Haus Josijas, des Sohnes Zephanjas, aufgenommen worden sind, eine Spende zu nehmen (V. 10). Dies ist ein Bild vom Überrest Israels zur Zeit des Endes, wenn er nach langen Jahren des Exils, das mit der babylonischen Gefangenschaft begann, wiederhergestellt ist. Der Name Josia bedeutet „der HERR stützt", und Zephanja bedeutet „Jah schützt". Unter diesen Umständen werden die Weggeführten willkommen geheißen, was zeigt, dass Gott sie schätzt und sie erhalten wird. Bereitwillig kommen sie mit einer Gabe, was davon spricht, dass sie den Messias Israels freiwillig würdigen.

In einem solchen Haus soll Sacharja von dieser Gabe eine Krone[6] aus Gold und Silber anfertigen, eine kunstvolle Krone. Er soll sie auf den Kopf Josuas, des Hohenpriesters, setzen, nicht auf den Serubbabels, des Statthalters. Das war äußerst ungewöhnlich! Josua war aus der Linie Aarons, vom Stamm Levi. Aus dieser Linie kamen Priester, doch niemals Könige. Israels König kam aus dem Stamm Juda. Aber dieses Ereignis symbolisiert die Tatsache, dass Christus sowohl Priester als auch König sein wird. Er ist König, da er vom Stamm Juda ist, und Er ist Priester, nicht aus der Linie Aarons, sondern nach der Ordnung Melchisedeks (Heb 6,20).

[6] Eig. Kronen, d. h. eine aus mehreren Reifen bestehende Prachtkrone; so die Fußnote in der Elberfelder Bibel (Anm. d. Üb.).

Die Botschaft an Josua (V. 12–15)

Sacharja wird nun beauftragt (V. 12), Josua die Bedeutung dieser symbolischen Handlung zu erklären, damit er nicht denken soll, er selbst werde eigentlich König sein. Die Botschaft kommt unmittelbar von dem HERRN der Heerscharen: „Siehe, ein Mann, sein Name ist Spross." Es ist interessant, dass mehr als 500 Jahre später Pilatus diese ersten drei Worte gebrauchte: „Siehe, der Mensch", als er den Herrn Jesus den Juden vorstellte (Joh 19,5). Wahrscheinlich wusste er nichts von der Prophezeiung Sacharjas, doch Gott legte ihm diese Worte in den Mund, um die Juden an eine Prophezeiung zu erinnern, von der sie wussten, dass sie sich auf den Messias bezog. Leider erzürnte es sie nur, statt sie zu überführen.

In Kapitel 3,8 sahen wir, dass „der Spross" der ist, der aus dem Stumpf Isais kam, so wie David, der Christus in besonderer Weise als den König Israels vorbildet. Er würde von seiner Stelle aufsprossen. Nachdem er zunächst einen Platz demütiger Verwerfung einnehmen würde, würde Er durch die Macht Gottes zu einem Platz höchster Ehre und Würde aufsprossen oder aufsteigen. In diesem Vers liegt der Nachdruck auf der Tatsache, dass Er wirklich „der Mann [o. Mensch]" ist. An anderer Stelle liegt die Betonung auf seinem Königtum (Jer 23,5) oder darauf, dass Er Knecht ist (Sach 3,8) oder dass Er „der HERR" ist (Jes 4,2). Alles dies gehört zum Wesen des Messias Gottes, doch in unserem Kapitel werden sein Königtum und sein Priestertum betrachtet, und beides setzt seine wahre Menschheit voraus.

Vers 13 hebt zum zweiten Mal hervor, dass Er den Tempel bauen wird, denn der natürliche Stolz des Menschen hält sich gern selbst für tüchtig, das zu tun. Als David so dachte, musste er korrigiert werden (2. Sam 7,11), und ein ähnliches Ansinnen des Petrus wurde durch die Stimme Gottes vom Himmel her streng zurückgewiesen (Lk 9,33–35). Die orthodoxen Juden unserer Tage kennen diese Schriftstelle und warten darauf, dass ihr Messias kommt und den Tempel erbaut. Obwohl viele Juden aufgehetzt werden und wünschen, dass der Felsendom entfernt und durch einen jüdischen Tempel ersetzt wird, fürchten sie sich, das in die Tat umzusetzen. Dennoch wird es zur Mitte der siebenjährigen Drangsalsperiode, die der Entrückung folgt, einen von Menschen errichteten Tempel geben, und zwar an einem solchen Ort, dass er „der Tempel Gottes" genannt werden wird (2. Thes 2,4).

Der Spross, der Herr Jesus, wird jedoch noch einen anderen Tempel des HERRN in Jerusalem bauen, der während des Tausendjährigen Reiches bestehen wird. Alle früheren Tempel werden verschwunden sein, einschließlich dessen, den es während der Drangsalsperiode geben wird. Heute jedoch, in der Zeit, bevor der Herr den Tempel Israels errichtet, ist er damit beschäftigt, ein geistliches Haus zu bauen, die Versammlung Gottes, zu dem Er jeden, der sich zu Ihm bekehrt, als lebendigen Stein hinzufügt, und der Bau wächst „zu einem heiligen Tempel im Herrn" (Eph 2,21). So werden Gläubige mit aufgebaut „zu einer Behausung Gottes im Geist" (Eph 2,22). Dass Gott dort wohnt, ist der wichtigste Charakterzug des Tempels. Er liebt es, bei den Seinen zu wohnen, ob in der Versammlung heutzutage oder bei Israel im Tausendjährigen Reich.

Wir kehren zu Vers 13 zurück: „und er wird Herrlichkeit tragen." Die Herrlichkeit und Ehre, mit der Autorität der Herrschaft über Israel und über die ganze Welt betraut zu werden, wird vollkommen sicher sein, wenn sie auf den Schultern dieses treuen Sohnes des Menschen ruht. Er allein unter allen Menschen wird befähigt sein, diese Herrlichkeit zu tragen. Selbst David konnte sie nicht tragen: Er versagte kläglich – und ebenso Salomo und die nachfolgenden Könige. „Und er wird auf seinem Thron sitzen und herrschen." Hier öffnet sich ein Ausblick auf das Tausendjährige Reich. Schon jetzt hat Er sich mit seinem Vater auf dessen Thron gesetzt (Offb 3,21), aber Er wird seinen eigenen Thron einnehmen, wenn Er als der Sohn des Menschen in Macht und Herrlichkeit kommt, um die gesamte Schöpfung seinen Füßen zu unterwerfen.

Und noch mehr: „Und er wird Priester sein auf seinem Thron." Kein König Israels konnte Priester sein, denn Könige waren aus dem Stamm Juda, wohingegen Priester von Levi abstammten. Doch bevor Israel existierte, gab es einen Mann, der sowohl König als auch Priester Gottes, des Höchsten, war (1. Mo 14,18). Dieser Mann, Melchisedek, war ein Vorbild von Christus, der beide Ämter in seiner eigenen Person verbinden würde (Heb 7,1–3). Während sein Königtum seine Autorität begründet, fügt sein Priestertum den wunderbaren Charakterzug von umsorgender Gnade und Mitgefühl hinzu (Heb 4,14–16). „Und der Rat des Friedens wird zwischen ihnen beiden sein." In Israel bestand zwischen Königen und Priestern oft keine Übereinstimmung, dagegen sind Königtum und Priestertum Christi miteinander in schöner Harmonie: Autorität und Gnade sind bei Ihm vollkommen im Gleichgewicht, beide kommen völlig zur Geltung entsprechend dem Ratschluss Gottes.

Die Krone wird dann zum Gedächtnis an die drei in Vers 10 genannten Männer und an die Güte oder Freundlichkeit des Sohnes Zephanjas, der die drei von Babel Zurückgekehrten willkommen geheißen hatte, im Tempel des HERRN bleiben. Die zurückgekehrten Gefangenen sind, wie wir sahen, ein Abbild des Überrests Israels, der in den letzten Tagen zurückkehren wird, und die Kronen weisen darauf hin, dass sie dem Herrn Jesus den Platz höchster Autorität als König und Hoherpriester seines Volkes geben werden. Die Erinnerung an ihren Glauben wird ebenso andauern wie die Erinnerung an die große Güte, mit der sie bei ihrer Rückkehr ins Land empfangen werden.

Andere Israeliten werden von weit her kommen, um beim Bau des Tempels zu helfen, indem sie den wahren Messias anerkennen, wie Er den Wiederaufbau leitet. Petrus spricht von denen, „die in der Ferne sind" (Apg 2,39), den zerstreuten Israeliten, an die er später, von Gott geleitet, seinen ersten Brief schreibt (1. Pet 1,1). Dagegen schreibt Paulus an *Heiden*, dass sie „fern" waren, aber durch das Blut des Christus nahe geworden (Eph 2,13) und zusammen mit jüdischen Gläubigen in der gegenwärtigen Haushaltung der Gnade zu Gliedern am Leib Christi gemacht worden sind.

Ob Sacharja 6,15 Heiden einschließt, ist eine vielleicht nicht einfach zu klärende Frage, doch prophezeit Jesaja 60,10, dass „die Söhne der Fremde … deine Mauern bauen" werden – die Mauern der Stadt, nicht die des Tempels – und dass Nichtjuden an diesem zukünftigen Tag der Herrlichkeit zur Zusammenarbeit mit Israel bereit sein werden.

Dass Entfernte kommen und helfen werden, den Tempel zu bauen, ist eine weitere Bestätigung dafür, dass „der HERR der Heerscharen mich zu euch gesandt hat". Wir können diese Worte als Worte des Engels ansehen, der mit Sacharja spricht, aber es scheint doch, dass sie in ihrer vollen Bedeutung auf die zukünftige Sendung des Messias anzuwenden sind.

Dies wird geschehen, wenn Israel fleißig auf die Stimme des HERRN, ihres Gottes, hören wird. Doch die Sendung des Messias wird erst erfolgen, wenn Israel von seinem rebellischen Umherirren zur Unterwerfung unter das Wort Gottes zurückgebracht ist. Jahrhundertelang ist Israel ungehorsam, rebellisch und zerstreut gewesen, so als sei es überhaupt keine Nation, und sie haben eigensinnig auf ihrer Ablehnung Christi beharrt. Wenn sie Ihn schließlich annehmen, wird von ihnen gesagt: „Dein Volk wird voller Willigkeit sein am Tag deiner Macht" (Ps 110,3).

Kapitel 7

Eine Frage, mit Nein beantwortet (V. 1–7)

Die Visionen und Prophezeiungen der ersten sechs Kapitel stehen in Verbindung mit dem achten Monat des zweiten Jahres der Regierung des Darius (1,1). Zwei Jahre später wird die Frage von Kapitel 7,3 gestellt. In diesem Kapitel beantwortet der HERR die Frage mit Nein, in Kapitel 8 gibt er die zustimmende Antwort.

Die Frage wird von Männern gestellt, die von Bethel zum Haus des HERRN gesandt worden sind, um zu beten und die Priester und Propheten in Jerusalem zu befragen: „Soll ich weinen im fünften Monat und mich enthalten, wie ich schon so viele Jahre getan habe?" Das Fasten im fünften Monat geschah zum Gedenken an die Zerstörung des ersten Tempels. Nun wurde der Tempel wieder aufgebaut (er wurde innerhalb von zwei Jahren danach vollendet; Es 6,15) – war es da nötig, mit dem Fasten fortzufahren?

Bethel war eins der beiden Zentren, wo Jerobeam seinen Götzendienst einrichtete (1. Kön 12,28.29), als er die zehn Stämme von Juda und Benjamin abtrennte. Die Assyrer führten die zehn Stämme in Gefangenschaft, bevor der Tempel zerstört wurde (2. Kön 17,6), doch hier finden wir Männer aus Bethel, die über die Zerstörung des Tempels in Jerusalem trauerten. So ließen sie erkennen – und es ist gut, das zu sehen –, dass es sie nach Juda und dem Zentrum der Anbetung zurückzog, das Gott in Israel errichtet hatte. Dieser Tempel Gottes bedeutete ihnen jetzt so viel, dass sie über seine Zerstörung trauerten und zugleich glücklich waren, dass er wieder erbaut wurde.

Der HERR beantwortet diese Frage durch Sacharja. Die Antwort richtet sich nicht nur an die, die die Frage stellten, sondern auch an das ganze Volk des Landes und besonders an die Priester, die gewöhnlich das Volk repräsentierten. Die Frage wird jedoch in diesem Kapitel nur teilweise beantwortet: Die positive Seite der Antwort findet sich in Kapitel 8. Die Antwort beginnt (V. 5) in der Form einer anderen Frage: „Wenn ihr im fünften und im siebten Monat gefastet und gewehklagt habt, und zwar schon siebzig Jahre, habt ihr irgendwie *mir* gefastet?" Der HERR fügt ein Fasten im siebten Monat hinzu, bei dem es sich um ein anderes Fasten handelt, zur Erinnerung an den Mord an Gedalja durch Ismael (Jer 41,1.2). Der HERR stellt die ernste Frage, ob diese Fasten um seiner Ehre willen geschahen oder ob Israel dabei selbstsüchtige Beweggründe hatte. Und andererseits: Wenn sie statt zu fasten aßen und tranken, taten sie es nicht allein für sich selbst und aßen und tranken nicht zur Ehre Gottes? Ob nun die Fasten mit guten Motiven begonnen hatten oder nicht, sie waren nicht auf diese Weise fortgeführt worden. Sie waren zu rein formellen und selbstsüchtigen Einrichtungen geworden, ebenso wie wir später von dem „Passah der Juden" (Joh 2,13) und dem „Fest der Juden, [dem] Laubhüttenfest" (Joh 7,2) lesen, obwohl sie bei ihrer Einsetzung in 3. Mose 23,4 „die Feste des *HERRN*" genannt wurden.

In Vers 7 erinnert der HERR Israel daran, dass Er bereits in gleicher Weise durch die Propheten zu der Nation gesprochen hatte, bevor die Gefangenschaft stattfand, „als Jerusalem bewohnt und ruhig war, und seine Städte rings um es her". Jesajas Prophezeiung ist hierin besonders treffend (Jes 58,3–7). Er schrieb in den Tagen Ussijas, Jothams, Ahas' und Jehiskias, vor der Zeit der Gefangenschaft Judas. Sie hatten schon früher die Botschaften Gottes ignoriert und litten dafür. Mochten sie die Warnung beachten, damit sie jetzt in der rechten Weise darauf reagierten!

Eine weitere Botschaft Gottes (V. 8–14)

Die Botschaft in den Versen 4–7 enthielt einen ernsten Tadel. Von Vers 8 an gibt der HERR eine weitere Botschaft und fügt diesmal eine Ermahnung darüber hinzu, welche Haltung das Fasten begleiten muss. Er zeigt, dass diese Haltung in Israel fehlte, was zur

Folge hatte, dass das Volk unter die Nationen zerstreut worden war.

Wenn ihr Fasten vor Gott ehrlich wäre, würden sie es in der Haltung anderen gegenüber zeigen. Sie würden ein wahrhaftiges Gericht üben und in ihren Geschäften gerecht sein, wobei sie Güte und Barmherzigkeit zeigen müssten. Es wird ihnen gesagt, dass sie die Witwe nicht bedrücken sollen. Gewissenlose Leute nutzen es auf grausame Weise zu ihrem Vorteil aus, wenn Witwen bei Geschäften das nötige Wissen fehlt. Auch die Waise, der Fremde und der Arme sind in einer Lage, wo sie solchen Leuten schutzlos ausgeliefert sind. Aber das ist nur die negative Seite. Das Neue Testament geht viel weiter, zum Beispiel in Galater 6,10: „Also nun, wie wir Gelegenheit haben, lasst uns das Gute wirken gegenüber allen.“ Wir sollten uns nicht nur hüten, Böses zu tun, sondern sollten positiv Gutes tun.

Israel hatte sich geweigert, auf die Propheten Gottes zu hören, stattdessen verschlossen sie ihre Ohren gegenüber der Wahrheit des Wortes Gottes (V. 11). Sie hatten ihr Herz bewusst so hart wie Diamant gemacht, und so machte das Gesetz Gottes keinen Eindruck mehr auf sie, ebenso wenig wie sein Wort, das Er durch seinen Geist durch die Propheten sandte. Aus diesem Grund kam ein großer Zorn von Seiten Gottes über sie (V. 12).

So wie Gott Israel laut rief und sie nicht hören wollten, hörte Er auch nicht auf sie, als sie, schwer bedrängt infolge ihrer Rebellion, zu Ihm schrien (V. 13). Vielmehr zerstreute Er sie in seiner gerechten Regierung aus ihrem Land unter die Nationen, wo sie Fremde waren (V. 14). Da sie Gott nicht brauchten, gab Er sie in die Gesellschaft derer, die Gott nicht kannten, damit sie durch Erfahrung lernten, wie bitter es ist, von der Freundlichkeit und Fürsorge ihres treuen Schöpfers entfernt zu sein. Gott machte in seiner Regierung durch schreckliches Gericht ihr Land zur Wüste. Nicht einmal Reisende zogen noch hindurch. Das war so während der siebzigjährigen Gefangenschaft und hat sich wiederholt, als Israel den Herrn Jesus verwarf, als Er in Gnade zu ihnen kam. Heute, nach vielen Jahrhunderten, erweist Gott Erbarmen, indem Er viele in ihr Land heimkehren lässt und Israel als Nation wieder sicher errichtet ist.

Die negative Seite der göttlichen Antwort unterstreicht so, dass Israel es nicht gelernt hatte, sich die Bedeutung ihres Fastens zu Herzen zu nehmen. Deshalb wird ihnen nicht gesagt, sie sollten mit dem Fasten aufhören, denn trotz der offensichtlichen leichten Erweckung, die Gott ihnen gegeben hatte, hatten sie das Selbstgericht noch nicht gelernt, das Gott sie zu lehren suchte.

Kapitel 8

Die positive Antwort (V. 1–17)

In diesem Kapitel gibt der HERR eine wunderbar positive Antwort auf die Frage in Kapitel 7,3. Die positive Antwort findet sich nur in seinem eigenen großen und eindrucksvollen Werk, auf das die Augen Israels gerichtet werden sollen. Doch die Antwort blickt in die Zukunft, weit über jedes geringe Maß der Wiederbelebung in Israel hinaus auf die Zeit, wo Gott die Nation im Zeitalter der Herrlichkeit des Tausendjährigen Reiches dauerhaft wiederherstellt.

Ein weiteres persönliches Wort des HERRN der Heerscharen ergeht an Sacharja. Ohne die Verschuldung Israels anzusehen, bekräftigt Er seinen eigenen großen Eifer für die Wohlfahrt Zions. Zion (d. h. „sonnig") ist der Name, der Jerusalem im Blick auf das Kommen Christi an einem zukünftigen Tag als „Sonne der Gerechtigkeit" (Mal 4,2) gegeben wurde. Der HERR fügt hinzu: „Ich eifere für Zion mit großem Eifer" (V. 2). Wie hasst Er zu Recht das Böse, das sein Volk verleitete, abzufallen und sich Ihm zu entfremden! Wenn Er richtet, wird sein Zorn glühen, und Er wird sein Ziel erreichen.

Seine Verheißung ist unwiderruflich trotz des Versagens Israels. „Ich kehre nach Zion zurück und will inmitten Jerusalems wohnen" (V. 3). Die Erfüllung davon ist über Jahrhunderte hin aufgeschoben worden, bedingt durch Israels Versagen. Tatsächlich kehrte Gott in Person zurück, als Christus in die Welt kam; aber Israel wies Ihn kalt ab und verursachte so einen weiteren Aufschub seines Wohnens in ihrer Mitte. Erst wenn sich ihre Haltung gegenüber dem Herrn Jesus grundlegend ändert zu einer Haltung des Glaubens und der Unterwerfung, werden sie den Segen und die Freude erfahren, dass Er in ihrer Mitte gegenwärtig ist. Dann wird Jerusalem die „Stadt der Wahrheit" und der Berg des HERRN der Heerscharen „der Heilige Berg" genannt werden. Was für ein

Gegensatz zu dem, was Offenbarung 11,8 über Jerusalem zu sagen hat: die große Stadt, „die geistlicherweise Sodom und Ägypten heißt." Der Wechsel wird absolut das Wirken des Herrn sein. Er wird ihre Verderbtheit (ihren Sodom-Charakter) in Wahrheit und ihre Unabhängigkeit von Gott (ihren Ägypten-Charakter) in Heiligkeit umwandeln. Wunderbares Werk göttlicher Gnade und Macht!

Die Beständigkeit des Segens im Tausendjährigen Reich sieht man in Vers 4, wo es heißt: „Es werden noch Greise und Greisinnen in den Straßen von Jerusalem sitzen, ein jeder mit seinem Stab in seiner Hand vor Menge der Tage." Als dies niedergeschrieben wurde, konnten nur junge und kräftige Menschen die Härte der Gefangenschaft und der Kriege überleben, und nur relativ junge Menschen waren aus der Gefangenschaft zurückgekehrt. Doch während des Tausendjährigen Reiches werden viele Menschen die gesamten tausend Jahre hindurch leben und so ein hohes Alter erreichen, ohne zu sterben.

Die Straßen werden voll sein von spielenden Kindern, nicht von Aufmärschen für Menschenrechte, von Protesten und Verbrechen. Heutzutage sind Straßen der gefährlichste Spielplatz für Kinder, dann aber – was für Verkehrsmittel auch immer benutzt werden mögen, sie werden nicht einmal für Kinder eine Gefahr bedeuten. Die günstigen Verhältnisse des Wohlstands und der Zufriedenheit werden einen starken Kontrast zu dem Durcheinander der gegenwärtigen Welt bilden.

Wenn die Zeit kommt, wo diese Dinge geschehen, werden sie dem gottesfürchtigen Überrest Israels zu schwierig[7] erscheinen (V. 6). Werden sie auch in den Augen Gottes zu schwierig sein? Sie werden gewaltige Veränderungen mit sich bringen, die selbst wir uns heute kaum vorstellen können. Was wird mit den Folgen der industriellen Revolution geschehen? Was mit all den erstaunlichen

---

[7] In der Elberfelder Bibel ist das entsprechende Wort mit „wunderbar" wiedergegeben (vgl. Jer 32,17.27) – (Anm. d. Üb.).

Erfindungen, die die Märkte der Welt überflutet haben? Ohne jede Frage werden all die Kriegswaffen der Welt weggeschafft sein, aber was wird aus den fortschrittlichen, schnellen Fortbewegungsmitteln, den Autos, Lastwagen, Flugzeugen, Raumschiffen usw.? Die Lebensmittel müssen verteilt und die Abfälle entsorgt werden. Häuser werden gebaut werden, Feldfrüchte gepflanzt, Bekleidung hergestellt und viele andere Dinge, die die Arbeit menschlicher Hände erfordern. Aber wo werden die Grenzen gezogen? Zumindest wird es nicht die Kompliziertheit der heutigen Gesellschaft geben. Die Einfachheit der Lebensweise wird hervorgehoben, wo immer in der Schrift vom Tausendjährigen Reich gesprochen wird. Offensichtlich wird es nie Unfalltote geben oder den Tod eines Kindes (Jes 65,18–25). Was für Veränderungen Gott auch immer für geeignet hält, um sie einzuführen, Er wird seine Verheißung vollkommen erfüllen, ungeachtet irgendwelcher Einsprüche, die der Unglaube erheben mag.

Zum vierten Mal in diesem Kapitel werden die Worte wiederholt: „So spricht der HERR der Heerscharen" (V. 7). Er legt Gewicht auf die absolute Wahrheit dessen, was Er sagt. Obwohl der zurückgekehrte Überrest Israels sehr klein war, war Gott noch immer „der HERR der Heerscharen", der Gebieter großer Mengen. Obwohl Israel weit außerhalb seines Landes zerstreut war und immer noch ist, wird Er sie ebenso einfach retten, wie Er den Überrest aus der Gefangenschaft der Meder und Perser rettete. Er wird sie schließlich zurückbringen, damit sie inmitten Jerusalems wohnen, wo Er sie als sein Volk anerkennen wird (V. 8). In Hosea 1,9 spricht Gott davon, Israel zu verstoßen, indem Er sie „Nicht-mein-Volk" nennt, weil sie sich gegen Ihn aufgelehnt haben. Aber in der Zukunft wird es ihnen eine Freude sein, Ihm zu gehorchen.

Und wiederum, zum fünften Mal in diesem Kapitel (V. 9), wird Israel gesagt: „So spricht der HERR der Heerscharen." Diesmal erwartet Er eine passende Reaktion von Seiten des Volkes, obwohl Er später erneut die Zuverlässigkeit seines eigenen Werkes bestätigt, wobei Er sie dazu aufruft, dass auch sie im Blick auf seine Treue entsprechend handeln. „Stärkt eure Hände." Sie sollen nicht auf einen kommenden Tag der Herrlichkeit warten, um für Gott zu wirken, sondern „die ihr in diesen Tagen die Worte aus dem Mund der Propheten hörtet", sie werden aufgefordert, jetzt stark zu sein. Die Propheten hatten geweissagt, als die Fundamente zum wieder errichteten Tempel gelegt wurden. Gott hatte durch die Propheten geredet. Deshalb war das Volk verantwortlich, zu hören und entsprechend zu gehorchen. Das war wichtiger, als sich mit der Frage zu beschäftigen, ob sie zu bestimmten Zeiten fasten sollten oder nicht. Der Tempel zeigte, dass Gott unter ihnen wohnte. Diese großartige Tatsache hätte das Herz jedes Israeliten tief berühren sollen.

„Denn vor diesen Tagen [als das Land siebzig Jahre lang wüst lag] war kein Lohn für die Menschen und kein Lohn für das Vieh; und der Aus- und Eingehende hatte keinen Frieden vor dem Bedränger, und ich ließ alle Menschen gegeneinander los" (V. 10). Dies waren nicht nur unglückliche Umstände, dies war die züchtigende Hand Gottes. Er hatte guten Umständen in Israel elende folgen lassen. Und ebenso mächtig ist seine Hand, das Umgekehrte zu tun. Diese Macht verwandelte nicht nur die äußeren Verhältnisse, sondern beeinflusste auch das Verhalten der Menschen, indem sie sie gegeneinander losließ. Mit der gleichen Kraft konnte Gott das Verhalten der Leute ebenso ändern wie ihre äußere Lage. Mit anderen Worten: Sie brauchten dringend Gott!

„Nun aber will ich dem Überrest dieses Volkes nicht sein wie in den früheren Tagen, spricht der Herr der Heerscharen" (V. 11). Die geringe Belebung, die Gott durch die Wiederherstellung eines kleinen Teils des Volkes nach der Gefangenschaft gegeben hatte, erfüllte diese Prophezeiung nur teilweise. Aber diese Belebung dauerte nicht an. Sie war nur ein schwaches Pfand für die spätere vollständige Erfüllung, die im Tausendjährigen Reich des Herrn Jesus stattfinden wird.

Dann wird Gott ihre Aussaat gedeihen und den Weinstock Frucht tragen lassen (V. 12). Die Erde wird reichliche Erträge geben. Der Himmel wird Tau spenden und nicht heftige Regengüsse, die

Nächte gewähren sanfte Feuchtigkeit, wie sie zum Wachstum notwendig ist, ohne jede Unannehmlichkeit für den Menschen. Gott wird dem Überrest Israels zu seiner Zeit alle diese Segnungen zukommen lassen.

Und was das Volk selbst angeht, ob Juda oder Israel, sie werden nicht länger ein Fluch unter den Nationen sein, wie sie es über Jahrhunderte hin gewesen sind (V. 13). Im Allgemeinen haben die Nationen das jüdische Volk verachtet, dennoch haben sie ihre Identität als Juden durch die Jahre hindurch aufrechterhalten, auch wenn sie fern von ihrem Land zerstreut waren. In jedem Land, in dem sie sich verstreut aufhielten, sind sie als Fluch angesehen worden. Doch Gott wird sie retten, und sie werden zum Segen werden und als solcher auch von den Nationen anerkannt werden. Das wird ein weiteres wunderbares Ergebnis des Werkes der Gnade Gottes in ihren Herzen sein. Er spricht zu ihnen: „Fürchtet euch nicht, stärkt eure Hände!“ Ihre Situation in jener Zeit mochte ihnen angesichts des Widerstands der Nationen Furcht einflößen, aber da Gott selbst diesen Widerstand der Nationen schließlich in Anerkennung umwandeln wird, warum sollten sie dann jetzt nicht stark sein, um den Willen Gottes zu tun?

Der wiederholte Ausdruck „So spricht der HERR der Heerscharen“ (V. 14) versichert Israel der Treue Gottes in der Ausführung seines Wortes. Wenn ihre Väter in vergangenen Tagen seine gerechte Strafe getroffen hatte, weil sie seinen Zorn herausgefordert hatten, so hatte Er seine ausdrücklichen Warnungen nicht bereut, sondern führte sein Wort aus. Er meinte, was Er sagte. In ähnlicher Weise drückt Er seine Absichten, dem Volk Israel wohlzutun, in unserem Kapitel aus, ebenso wie in vielen anderen Prophezeiungen (V. 15). Auch darin wird sein Wort nicht unerfüllt bleiben. Wollen sie Ihm nicht ebenso völlig vertrauen, was letztere Ankündigung betrifft, wie erstere sich erfüllt hat? Zu Recht wird ihnen gesagt, dass sie sich nicht fürchten, sondern ihre Hände stärken sollen. Sie dürfen sich völlig auf die Treue Gottes verlassen, sie aufrecht zu erhalten.
Wie angemessen und richtig ist es doch bei dieser Grundlage der

Treue Gottes, wenn Er eine ehrliche Antwort erwartet, wie wir sie in den Versen 16 und 17 finden. Beachten wir jedoch, dass Gott in dem, was Er fordert, nichts für sich selbst sucht. Er sorgt sich vielmehr um das Wohl anderer. Er besteht darauf, dass einer mit dem anderen die Wahrheit redet, keiner soll den anderen betrügen. Auch wird von solchen, die in den Toren das Richteramt ausüben, erwartet, dass sie der Wahrheit gemäß richten, um Frieden statt Ärger zu bewirken (was damals oft die Reaktion auf Gerichtsurteile war, gerade so wie in unserer Zeit). Gott liegt sehr viel daran, wie wir miteinander umgehen.

Vers 17 geht noch tiefer als Vers 16. Vers 16 bezieht sich auf Taten, Vers 17 auf Gedanken. Sogar in seinem Herzen auf das Unglück des anderen zu sinnen ist verboten, ebenso wie einen falschen Eid zu lieben. Gott kennt unsere Beweggründe, und wir müssen sie aus der Sicht Gottes richten, denn Er hasst alles Böse, ob böse Taten oder böse Gedanken.

Fastenzeiten werden zu Festzeiten (V. 18–23)

Die Verse 18 und 19 knüpfen an die Frage von Kapitel 7,3 und die negative Antwort in Kapitel 7,5.6 an. Hier haben wir die positive Antwort, die weit über das hinausgeht, was die Fragesteller sich jemals vorgestellt hatten. Zum siebten Mal in diesem Kapitel gehen der Botschaft die Worte voraus: „So spricht der HERR der Heerscharen." Die Männer von Bethel hatten nur nach der Beachtung des Fastens im fünften Monat gefragt. In der negativen Antwort hatte Gott das Fasten im siebten Monat hinzugefügt (7,5). Jetzt werden zwei weitere Fastenzeiten hinzugefügt, die im vierten und die im zehnten Monat. Das Fasten im vierten Monat galt der Erinnerung an die Einnahme Jerusalems durch Nebukadnezar (2. Kön 25,3.4). Das Fasten im zehnten Monat erinnerte an den Beginn der Belagerung der Stadt im neunten Jahr Zedekias (1. Kön 25,1).

Statt den Männern von Bethel zu sagen, dass sie diese Fastenzeiten nicht länger zu beachten brauchen, lässt der HERR ihnen sagen, dass alle diese Fastenzeiten für das Haus Juda zu frohen

Festzeiten der Wonne und der Freude werden sollen. Das bezieht sich auf die Zukunft, denn Juda hat sich die ernste Bedeutung des Fastens bisher nicht zu Herzen genommen, indem sie sich im Selbstgericht und im Glauben an den Sohn Gottes gedemütigt hätten. Doch die gnädige Antwort Gottes übersteigt bei weitem alles, was irgendjemand sich hätte ausdenken können, und Er wird sein Wort auf wunderbare Weise ausführen. Weil das sicher ist, werden sie aufgefordert, die Wahrheit und den Frieden zu lieben. Gott hat die Wahrheit geredet, darum liebe sie. Wenn jemandes Gedanken im Gegensatz dazu stehen, liebt er nicht wirklich den Frieden. Wenn er den Frieden liebt, wird er keine Ansichten hegen, die Gott entgegen sind.

In Vers 20 wird uns zum achten Mal gesagt: „So spricht der HERR der Heerscharen." In diesem Fall verheißt der HERR, dass der Segen sich nicht auf das Haus Juda beschränken wird. Die Bewohner vieler Städte werden kommen, um an der Freude teilzunehmen, die für Juda bereitet ist. Dies sind die Städte Israels. Ihr erfrischender Wunsch nach Gemeinschaft wird die Bewohner der einen Stadt veranlassen, zu einer anderen Stadt zu gehen, sodass sie zusammen hinaufgehen werden, um den HERRN in Jerusalem anzuflehen. Die Einheit Israels wird dann mehr als nur eine äußere Form sein, sie wird aus willigen Herzen hervorgehen.

In Vers 22 weitet sich der Segen noch weiter aus. Viele Völker und mächtige Nationen werden ebenfalls kommen, um den HERRN zu suchen und ihr Flehen in Jerusalem vor Ihn zu bringen. Die Heiden werden erkennen, dass seine Herrlichkeit eng mit dem Volk Israel verbunden ist, das sie lange verachtet hatten. Wie wunderbar wird dieses Werk der Gnade sein! Was für ein Wechsel im Vergleich zu den gegenwärtigen Intrigen, dem Misstrauen, dem Hass und der Gewalt so vieler Nationen gegen Israel, aber auch innerhalb Israels selbst!

Zum neunten Mal in diesem Kapitel folgt mit Nachdruck: „So spricht der HERR der Heerscharen." Wenn jene Tage anbrechen, werden nicht weniger als zehn Männer sich einem jüdischen

Mann anschließen, nicht um ihn zu terrorisieren, sondern um seine Gunst zu suchen, „denn“, so werden sie sagen, „wir haben gehört, dass Gott mit euch ist“ (V. 23). Der Name der Stadt wird sogar sein: „Der HERR daselbst“ (Hes 48,35).

Kapitel 9

Gerichte über Syrien, Tyrus und Philistäa (V. 1–8)

Mit dem Beginn dieses Kapitels nimmt das Buch Sacharja einen völlig anderen Charakter an. Es werden keine Daten mehr angegeben wie im ersten Teil des Buches (Kap. 1–8), auch findet man keine Visionen mehr. Kapitel 9,1 nennt den Schwerpunkt aller noch verbleibenden Kapitel: „Ausspruch [o. Last] des Wortes des HERRN." Das Wort „Last" lässt an ein Gewicht denken, das schwer zu tragen ist, denn Gott bringt sein Missfallen über die Menschheit zum Ausdruck, und nach seiner Absicht sollen die Völker es fühlen.

Zuerst wird das Land Chadrak erwähnt, ein Name, der in der Schrift nur hier vorkommt. Chadrak war eine Stadt nahe bei Damaskus, der Hauptstadt Syriens. Das Land Chadrak sollte unter das Missfallen Gottes kommen, aber Damaskus war der Ort, auf den es sich niederlassen sollte. In Vers 1 heißt es weiter: „Denn der HERR hat ein Auge auf die Menschen und auf alle Stämme Israels." „Die Augen des HERRN sind an jedem Ort, schauen aus auf Böse und auf Gute" (Spr 15,3). Wenn das Gericht hereinbrechen muss, werden diese Augen „wie eine Feuerflamme" sein (Offb 1,14). Sie prüfen und erkennen alles, wie es ist. Dieses Gericht über Damaskus und das angrenzende Land erfolgte in gewissem Maß nicht allzu lange nach der Prophezeiung, als Alexander der Große in das Land einfiel und es eroberte. Doch die Ankündigung reicht weiter, sie hat noch eine zukünftige Erfüllung. Zur Zeit des Endes wird der König des Nordens in Israel einfallen, und Syrien wird daran beteiligt sein; deswegen wird es Gottes Gericht erleiden. Der König des Nordens wird auch „der König von Assyrien" genannt (Dan 11,40; Jes 8,7.8). Das assyrische Reich schloss Syrien, den Irak und andere umliegende Nationen ein. Auch Hamath (V. 2), ein an Damaskus angrenzendes Gebiet, wird ein ähnliches Gericht erfahren. Es war „in Ribla im

Land Hamath", wo eine große Anzahl von Beamten aus Juda von Nebusaradan, dem Obersten der Leibwache Nebukadnezars, hingerichtet wurde, nachdem er sie als Gefangene von Jerusalem weggeführt hatte (2. Kön 25,18–21). Diese kaltblütige Ermordung war noch in der Erinnerung des Volkes und sicher auch von Gott nicht vergessen. „Tyrus und Zidon, weil[8] es sehr weise ist", wird dem Gericht Gottes nicht entrinnen. Diese Städte befanden sich in Phönizien (dem heutigen Libanon), südlich von Hamath. Tyrus war berühmt, weil es zu einer Festung ausgebaut worden war, die die Nationen nicht einnehmen konnten, nicht einmal Nebukadnezar, der es viele Jahre belagert hatte. Dieser Vers bezieht sich auf das so genannte neue Tyrus, das auf einer Insel erbaut und stark befestigt wurde; seine Stadtmauer war 46 Meter hoch.

Gott beobachtete Tyrus nicht nur, weil es eine starke Festung erbaute, sondern auch, weil es Reichtum aufhäufte. In Josua 19,29 wird es die feste Stadt Tyrus genannt, und in Jesaja 23 werden Tyrus und Zidon als Zentren des Gewerbes und Handels gesehen (besonders in V. 8).

„Siehe, der Herr wird es einnehmen und seine Macht im Meer schlagen; und es selbst wird vom Feuer verzehrt werden" (V. 4). Dieses verheerende Gericht wurde später durch Alexander den Großen an Tyrus vollzogen. Sieben Monate lang belagerten seine Armeen die Stadt, bevor sie sie schließlich einnahmen und zehntausend Einwohner niedermetzelten. Wie sehr man sich auch absichern und bereichern mag, Gott wird es niederreißen und nichts davon übrig lassen. Es gibt keine wirkliche Sicherheit und keinen wirklichen Reichtum außer in einem echten, abhängigen Glauben an den lebendigen Gott. Auch wenn diese Städte heute bis zu einem gewissen Grad wieder aufgebaut sind, werden die kommenden Gerichte der großen Drangsal die Prophezeiung ihrer Zerstörung völlig erfüllen.

[8] Die King James Übersetzung und J. N. Darby haben hier „obwohl" (Anm. d. Üb.).

Als Nächstes wird das etwas weiter südlich gelegene Land der Philister betrachtet. Vier seiner wichtigsten Städte werden erwähnt (Gath wird ausgelassen). „Askalon soll es sehen und sich fürchten; auch Gasa, und soll sehr erzittern, und Ekron, denn seine Zuversicht ist zuschanden geworden. Und der König wird aus Gasa vertilgt, und Askalon wird nicht mehr bewohnt werden. Und ein Bastard[9] wird in Asdod wohnen, und ich werde den Hochmut der Philister ausrotten" (V. 5.6). Auch diese Gerichte haben sich zum Teil erfüllt, doch ihre völlige Erfüllung wird zur Zeit des Endes stattfinden. Das Unheil, das über diese Städte hereinbricht, wird dazu dienen, den Stolz der Philister zu zerschlagen. Wenn Gott dies tut, wird Er auch, wie Er sagt, sein Blut aus seinem Mund wegnehmen (V. 7). Das Wort *seinem* deutet an, dass die Philister als eine Person betrachtet werden. Es ist das Blut seiner Götzenopfer, das aus seinem Mund weggenommen wird. Sein Mund wird nicht länger trügerisch sprechen. „Gräuel" ist ein anderes Wort für Götzen; die Philister werden nicht länger die bösen Lehren über den Götzendienst aufnehmen. So richten die Gerichte Gottes Gutes aus. Unter den Philistern wird „unserem Gott" ein Überrest bleiben, er wird sein „wie ein Fürst in Juda", und Ekron wird „wie der Jebusiter" sein. Zumindest einige der Jebusiter (frühere Bewohner Jerusalems) wurden Israel eingegliedert (2. Sam 24,18–25). „Arawna, der Jebusiter" war jemand, der David seinen Besitz geben wollte, damit David ihn zur Opferung für Gott gebrauchen konnte.

Gott will auch für sein Haus „ein Lager aufschlagen vor dem Kriegsheer" (V. 8). Sein Haus ist der buchstäbliche Tempel in Jerusalem, den Er in souveräner Macht beschützen will, wenn die feindliche Armee ins Land eindringt. Das wurde teilweise erfüllt, als Alexander der Große nach Jerusalem kam mit der Absicht, es zu zerstören. Aber statt die Stadt zu befestigen und den Kampf gegen ihn aufzunehmen, beteten die Juden (nach Josephus) ernstlich zu Gott; dann führte der Hohepriester einen Zug Priester in

[9] Siehe die Fußnote hierzu in der Elberfelder Bibel: „d. h. ein nicht gesetzmäßiger, fremder Herrscher, oder gemeines, fremdes Gesindel" (Anm. d. Üb.).

ihrer Priesterkleidung aus der Stadt hinaus, um Alexander gegenüberzutreten. Er war von dieser Handlungsweise so beeindruckt, dass er nicht nur die Stadt verschonte, sondern den Juden viele Vergünstigungen erwies. Diese höchst interessante Geschichte findet sich in den *Jüdischen Altertümern*, Buch XI, im letzten Teil von Kapitel 8.

Dieser Vers ist jedoch noch nicht vollständig erfüllt worden, denn es heißt weiter: „und kein Bedränger wird sie mehr überziehen." Zur Zeit des Endes wird die Armee des Königs des Nordens „sie überschwemmen und überfluten" (Dan 11,40). Erst wenn dieser letzte Unterdrücker gerichtet ist, hat sich die Prophezeiung endgültig erfüllt. In der Zwischenzeit weiß der HERR sein Lager um das Tempelgelände her aufzuschlagen und seine eigenen Interessen inmitten des Volkes zu wahren. „Denn", so spricht Er, „jetzt habe ich dareingesehen mit meinen Augen" (V. 8). Dieselben Augen, von denen Vers 1 spricht, haben volle Kenntnis genommen von allem, was Israel betrifft, einschließlich des Widerstandes seiner Unterdrücker, und Israel kann ruhig sein in dem Bewusstsein, dass der Herr alles sieht. Dies ist auch heute eine wertvolle Ruhe für jeden Gläubigen.

Der Messias Israels wird angekündigt (V. 9–17)

Vers 9 ist einzigartig in seiner Schönheit, unerreicht verglichen mit allem, was vorausging und was nachfolgt. Er kündigt das erste Kommen des Herrn Jesus an, wie Er Israel in Bescheidenheit, Demut und Gnade vorgestellt wird. „Frohlocke laut, Tochter Zion; jauchze, Tochter Jerusalem! Siehe, dein König wird zu dir kommen: Gerecht und ein Retter ist er, demütig und auf einem Esel reitend, und zwar auf einem Füllen, einem Jungen der Eselin." Die Tochter spricht von dem gottesfürchtigen Überrest Israels, der sich von dem allgemeinen Verderben des Landes gereinigt hat, gereinigt durch den Glauben an den Messias Israels. Dass Zion erwähnt wird, erinnert uns daran, dass der wirkliche Segen dieses Überrests auf den Sonnenglanz der Herrlichkeit des

Tausendjährigen Reiches wartet, denn Zion bedeutet „sonnig". Zion wird auch „Tochter Jerusalems" genannt, denn beide Namen sind nötig, um ein angemessenes Zeugnis von dem Charakter der Stadt zu geben. Jerusalem bedeutet „Gründung des Friedens", denn der Friede braucht ein gerechtes Fundament.

„Siehe, dein König wird ... kommen." Obwohl Sacharja dies viele Jahre vor dem tatsächlichen Kommen des Herrn Jesus in die Welt angekündigt hatte, war Israel, als Er kam, dennoch nicht bereit, Ihn zu empfangen. Er erfüllte die Prophezeiung buchstäblich: „gerecht ... ist er." Sein Charakter auf der Erde war über jede Frage erhaben. Sogar seine Feinde bezeugten: „Lehrer, wir wissen, dass du wahrhaftig bist" (Mt 22,16). Und weit mehr als dies, Gott sei dafür gedankt, Er gab sich selbst zum Opfer für unsere Sünden, um der Menschheit ewiges Heil zu bewirken, obwohl dies zur Zeit seines Todes nicht verstanden wurde.

Gerechtigkeit darf man von einem König erwarten, doch hier wird hinzugefügt, dass Er „demütig" ist – ein Charakterzug, den die Leute von einem König normalerweise nicht erwarten und der von Israel tatsächlich nicht gewürdigt wurde, als der Herr Jesus sich auf der Erde offenbarte. Deshalb verachteten sie Ihn, obwohl ihre eigenen Schriften vorausgesagt hatten, dass dies auf ihren Messias zutreffen würde. Er würde auf dem Füllen eines Esels nach Jerusalem kommen. Es wird nicht berichtet, dass jemals ein König in Israel auf einem Esel geritten wäre, denn der Esel ist das Symbol der Niedrigkeit. Normalerweise reitet ein König auf einem Pferd, dem Symbol der Kraft und des Sieges, was auch auf den Herrn Jesus zutreffen wird, wenn Er in Zukunft in majestätischer Macht als „König der Könige und Herr der Herren" erscheint (Offb 19,11–16). Aber als Er sich Israel auf einem Esel reitend zeigte (Lk 19,25–40), wurde Er von seinem eigenen Volk trotz dieser bemerkenswerten Prophezeiung nicht anerkannt und erfuhr offenen Widerstand von den Pharisäern (V. 39).

Weiterhin ist bedeutsam, dass es das Füllen einer Eselin war. Er ritt auf einem jungen, noch nicht zugerittenen Tier, wie Lukas

19,30 beweist. Doch obwohl es noch nie zuvor geritten worden war, war es dem Herrn Jesus völlig gehorsam. Israel hätte daraus lernen sollen, sich der Autorität des demütigen Sohnes des Menschen ebenfalls unterzuordnen.

Vers 10 geht weit über Vers 9 hinaus. Die eingefügte Zwischenzeit erreicht bald 2000 Jahre, denn die Herrschaft des Königs der Könige ist noch nicht „von Meer zu Meer" aufgerichtet worden. Gott wird die Wagen aus Ephraim und die Pferde aus Jerusalem ausrotten. Ephraim führte die zehn Stämme an, die sich von Juda und Benjamin trennten, und Jerusalem war natürlich der Mittelpunkt des Gottesdienstes in Juda. Jehu, König über die zehn Stämme, war der richtige Mann, um die Macht seiner Wagen in einem unbarmherzigen Kampf vorzuführen (2. Kön 9,20). In Jerusalem hatte Salomo 40.000 Stallplätze für Pferde und 12.000 Reiter. Er hatte auch Wagen, doch seine Pferde, besonders diejenigen, die aus Ägypten eingeführt worden waren, werden hervorgehoben (2. Chr 1,16). Der Kriegsbogen wird ausgerottet werden. Wie großartig wird der Tag sein, wenn es keine Aufrüstung mehr gibt!

„Und er wird Frieden reden zu den Nationen." Das ist der König aus Vers 9. Wenn seine Stimme spricht, wird es so sein wie damals, als Er zu dem tobenden See sprach: „Schweig, verstumme!" (Mk 4,39), und es trat eine große Stille ein. Seine Herrschaft wird sein „von Meer zu Meer, und vom Strom bis an die Enden der Erde". Obwohl Er den heidnischen Nationen Frieden zuspricht, wird in den folgenden Worten seine Herrschaft besonders über Israel gesehen. „Von Meer zu Meer" bedeutet vom Mittelmeer bis zum Persischen Golf, und der Strom ist der Euphrat, der nordöstlich angrenzt. „Bis an die Enden der Erde" deutet an, was Gott zu Abraham sagte: bis zum Nil, dem Strom Ägyptens (1. Mo 15,18). Dies beschreibt die Ausdehnung der Grenzen Israels im kommenden Zeitalter, dem Tausendjährigen Reich.

Vers 11 ist möglicherweise an die Tochter Zion gerichtet (V. 9), falls Gott sich nicht an den König wendet. „Um des Blutes deines Bundes willen" bezieht sich auf den neuen Bund, der Israel durch das auf Golgatha vergossene Blut Christi bestätigt wurde. Jeremia 31,31–34 ist eine Prophezeiung dieses Bundes, und in Matthäus 26,27.28 bestätigt der Herr Jesus die Verbindung zwischen der Wahrheit von dem „Blut des neuen Bundes“ und seinem eigenen bevorstehenden Tod. Dieser mit Israel geschlossene Bund wird für sie erst dann wirksam werden, wenn sie Christus als ihren Messias anerkennen. Somit bezieht sich diese Prophezeiung Sacharjas auf den Tag, an dem die „Gefangenen der Hoffnung“ (die vielen Juden, die unter den Nationen in Knechtschaft gewesen sind) aus der „Grube, in der kein Wasser ist“, hervorkommen werden. Was für ein Wiederaufleben wird das für den notleidenden Überrest Israels sein nach Jahren solcher Knechtschaft, wo ihnen das erfrischende Wasser des Wortes Gottes versagt war!

Die Gefangenen der Hoffnung werden deshalb eindringlich gebeten, wieder zur Festung zurückzukehren (V. 12). Sie sollen nicht denken, dass sie in ihrer Knechtschaft hoffnungslose Gefangene sind, denn sie haben wegen der Verheißung Gottes Grund zur Hoffnung. Diese Verheißung jedoch ist unbedingt mit der „Festung“ verbunden, dem verheißenen Messias Israels. Sie brauchen Ihn! Es wird ihnen sogar eine weitere Verheißung gegeben: „Schon heute verkündige ich, dass ich dir das Doppelte erstatten werde.“ Das erinnert uns an Hiob, der, nachdem er durch seine schreckliche Prüfung gegangen war, das Doppelte des früheren Wohlstands zurückerhielt (Hi 42,10). Gottes Gedanken über uns sind immer solche der Gnade, auch wenn Er Erprobungen zulassen mag, die bisweilen unerträglich zu sein scheinen. Für Gläubige wird das Ende wunderbar sein. Vers 13 spricht von Juda und Ephraim als Waffen in Gottes Hand; somit finden wir hier einen Hinweis auf die Zeit des Endes, wenn die Stämme wieder vereinigt sind und Griechenland, das damals noch nicht mächtig geworden war, nach all seiner Unterdrückung Israels völlig besiegt sein wird, wie auch alle anderen heidnischen Unterdrücker.

„Und der HERR wird über ihnen erscheinen“ (V. 14). Er wird seinen Platz als Oberbefehlshaber seiner Armeen sichtbar einnehmen, und sein Pfeil wird ausfahren wie der Blitz. Das Gericht wird schnell und endgültig sein. Dass der Herr in die Posaune stoßen wird, spricht von seinem erklärten Zeugnis gegen das Böse, das alle Welt hören wird. Sein Einherziehen in den Stürmen des Südens ist interessant, denn der Süden spricht gewöhnlich von günstigen Umständen, doch aus solchen Umständen können plötzliche, unerwartete Unannehmlichkeiten für die Menschen entstehen. Als der Südwind sanft wehte, meinten die Seeleute in Apostelgeschichte 27,13, ihre Absicht erreicht zu haben, aber bald danach überfiel sie ein heftiger Sturm. So wird auch, wenn die Leute „Friede und Sicherheit" sagen, ein plötzliches Verderben über sie kommen (1. Thes 5,3), gerade so wie „Stürme des Südens".

Vers 14 sagte: „Der Herr wird über ihnen erscheinen." Nun fügt Vers 15 hinzu: „Der Herr der Heerscharen wird sie beschirmen", das ist sein Volk Israel. Danach wird bildlich gesagt, dass Israel seine Feinde verzehren und allen Widerstand des Feindes niedertreten wird. Auch dass sie trinken, ist ein Bild davon, dass sie das Blut ihrer Feinde vergießen, was sie in begeisterte Stimmung versetzt und sie lärmen lässt, wie jemand lärmt, der Wein getrunken hat. „Sie werden voll wie die Opferschalen", das bedeutet, dass sie mit den Ergebnissen des ernsten Gerichtes Gottes über ihre Feinde völlig zufrieden sind. „Wie die Ecken des Altars" erinnert uns an das Blut des Sündopfers an den vier Hörnern des Brandopferaltars (3. Mo 4,25). Dies spricht von einer Beziehung zu Gott, die sich auf das Opfer und das Blutvergießen Christi gründet. Die Vernichtung der Feinde dient nicht nur der Befreiung Israels, sie soll Israel auch dazu bringen, den wahren Wert des Opfers Christi zu ihrem Nutzen besser zu erkennen. Auch wir sollten etwas davon verstehen. Weil Gott die Gottlosen wegen ihrer hartnäckigen Auflehnung gegen seine Autorität schwer bestrafen muss – und wir selbst sollen das furchtbare Gericht Gottes bezeugen, das Er in vollkommener Gerechtigkeit am großen weißen Thron ausführen wird (Offb 20,11–15) –, werden wir umso mehr von dem großen Opfer des Herrn Jesus beeindruckt sein, durch das auch wir von einem solchen Gericht befreit sind, und dafür dankbar sein.

„Der HERR, ihr Gott, wird sie retten“ (V. 16). Er wird über ihnen erscheinen (V. 14), Er wird sie beschirmen (V. 15), und Er wird sie retten (V. 16). Das wird eine vollkommene und dauerhafte Errettung sein, anders als die vielen Befreiungen Israels in ihrer früheren Geschichte, nach denen sie bald wieder in einen Zustand des Ungehorsams und des Eigenwillens zurückfielen. Dann werden sie ein Volk sein, das aus Gott geboren ist, getreu ihrem Charakter als „sein Volk ... wie eine Herde“. Die Herde weist auf ihre völlige Abhängigkeit von ihrem Hirten hin, ebenso auf ihre Einheit und Zusammengehörigkeit (sie sind mehr als nur einzelne Schafe). Wie wenig hat Israel solche Einheit in der ganzen vergangenen Geschichte gekannt! Und auch uns, der Kirche Gottes, hat es leider an dem richtigen Verständnis der noch wichtigeren, wunderschönen Einheit gefehlt, wie sie in der Kirche gebildet worden ist. Und so haben wir darin versagt, sie zu verwirklichen, wie es hätte sein sollen. Dies ist nicht nur eine Einheit von zwölf Stämmen, sondern eine Einheit unzähliger durch das kostbare Blut Christi erlöster Einzelpersonen aus jeder Nation unter dem Himmel.

Ein weiteres Symbol kommt hinzu. Von Israel heißt es: „Kronensteine sind sie, funkelnd auf seinem Land“. Die Krone wird dem Herrn Jesus gehören, aber die wiedergeborenen Kinder Israel werden wie Edelsteine in dieser Krone sein, die das reine Licht Gottes in seinem Land strahlend widerspiegeln, von Ihm zubereitet zu ihrem Segen und zu seiner Herrlichkeit.

Vers 17 hebt unsere Augen über diesen großen Segen hinaus zu Ihm selbst, der solche Segnungen gibt. „Denn wie groß ist seine Anmut, und wie groß seine Schönheit!“ Sein gütiger Charakter ist wunderbar, doch noch mehr fesselt unsere Aufmerksamkeit die große Schönheit seiner eigenen Person. Die Schönheit ist in Ihm, nicht in Israel, auch wenn Israel seine Schönheit reflektieren wird, wie Edelsteine das Licht zurückwerfen. Das wird durch Psalm 90,17 bestätigt: „Und die Huld [Schönheit, Lieblichkeit] des Herrn, unseres Gottes, sei über uns!“ Es ist seine Schönheit, die David im Tempel des HERRN zu betrachten wünschte (Ps 27,4). Wenn unsere

Augen auf die Güte und Schönheit des Herrn gerichtet sind, werden auch wir in unserem Charakter etwas davon widerspiegeln.

Wenn Israel die Güte und Schönheit des Messias anerkennt und Ihm den Ihm zukommenden Platz der Vorrangstellung gibt, wird die Wohlfahrt des Volkes folgen. Junge Männer werden wachsen durch die Fülle von Korn und Jungfrauen durch neuen Wein. Junge Männer, die vorher zum Militärdienst einberufen wurden und kein eigenes Zuhause gründen konnten, werden nie gekanntes Gedeihen erfahren. So werden auch die jungen Frauen, die oft ohne Hoffnung auf Heirat blieben, weil die Männer im Krieg fielen, mit neuem Wein versorgt werden, was von der neuen Freude spricht, die der völlige Wechsel ihrer Situation bringen wird. Heutzutage begegnet uns unter jungen Leuten überall große Unzufriedenheit mit den Verhältnissen; sie stehen auf, um gegen die Regierung zu protestieren oder aus dieser Unzufriedenheit heraus ihre Arbeitgeber zu verklagen. Wenn sie einmal wirkliche Befriedigung finden, werden auch Kinder und alte Leute keinen Grund zur Klage mehr haben. Nur in der Erkenntnis des Herrn Jesus wird diese Befriedigung gefunden werden.

Kapitel 10

Gott verbürgt den Segen zu seiner Zeit (V. 1–12)

Die Prophezeiung in Kapitel 9 gab Gewissheit darüber, dass Gott Israel künftig segnen wird, und zwar aufgrund der vollkommenen Güte und Schönheit des Messias. Wie schön ist es dann zu sehen, dass Israel jetzt ermutigt wird zu beten. Sie sollen das jedoch zu der von Gott bestimmten Zeit tun. Der Glaube tut das, denn er stützt sich auf die Sicherheit des Wortes Gottes. Dieser Segen für Israel soll „zur Zeit des Spätregens" kommen. Der Frühregen war im Oktober und November, der Spätregen im März und April. Einen Frühregen gab es für Israel – geistlicherweise –, als der Herr Jesus in Demut und Gnade kam, um zu leiden und auf Golgatha zu sterben. Doch Israel war dafür nicht einmal dankbar und zog keinen Nutzen daraus. Seitdem haben sie einen Winter kalten Unglaubens gegenüber ihrem Messias durchlebt, und die Heftigkeit dieses Winters wird in der großen Drangsal ihren Höhepunkt erreichen. Auf diese lange Not wird jedoch der Frühling, „die Zeit des Gesanges" folgen, und die Gottesfürchtigen in Israel werden erwachen und ernstlich um den Spätregen beten. Er wird kommen, ob sie alle dafür beten oder nicht, aber Gott möchte sein Volk im Einklang mit seinen gnädigen Absichten sehen.

Durch heftige Gewitterregen wird die Erde für Israel ergiebige Ernten hervorbringen. Das wird zweifellos buchstäblich geschehen im Hinblick auf das Land, aber die geistliche Bedeutung ist noch wertvoller: Das Volk wird mit echtem geistlichem Wohlstand erfrischt und gesegnet werden.

Vers 2 zeigt, dass Israel einen besonderen Grund hatte, sich im Gebet an Gott zu wenden, denn sie waren durch Götzen (oder Teraphim) irregeführt worden, mittels derer die Götzendiener übernatürliche Hilfe suchten, und durch Wahrsager, solchen, die mit bösen Geistern Kontakt hatten und vorgaben, übernatürliche

Kräfte zu haben. Sie hatten vergeblich getröstet, indem sie dem Volk ein Gefühl der Beruhigung gaben zu einer Zeit, wo Tage noch größerer Not bevorstanden. Die Folge war, dass das Volk wie Schafe umherirrte, die keinen Hirten haben, und in große Not geriet. Es gab tatsächlich überhaupt keinen Hirten, auch wenn solche da waren, die äußerlich deren Platz einnahmen. Gegen sie entbrannte der Zorn des HERRN (V. 3), denn sie waren falsche Hirten, die zwar verantwortlich waren, für das Volk zu sorgen, es stattdessen aber bedrückten. Auch spricht Er davon, die „Böcke" zu bestrafen. Weil Böcke eher als Schafe fähig sind zu führen, folgen Schafe oft einem Bock. Böcke sind Bilder von Ungläubigen (Mt 25,31–46), und es ist oft geschehen, dass Gläubige einem Ungläubigen folgten, der einen beeindruckenden Titel hatte und gut reden konnte, sie aber in die falsche Richtung führte.

Der HERR der Heerscharen wird sich seiner Herde annehmen, um den Ihm zustehenden Platz als Hirte über das Haus Juda einzunehmen; und er wird seine Herde „wie sein Prachtross im Streit" machen. Ein Prachtross ist sehr verschieden von einem Schaf. Doch wenn die Zeit des Gerichts kommt, gibt Gott den Schafen die Würde und den Mut von Kampfpferden, um unerschrocken in den Krieg zu ziehen gegen die Bösen, die sie früher unterdrückt hatten.

„Von ihm kommt der Eckstein." Der wahre Hirte Israels wird den Eckstein offenbaren. Dies ist eine Prophezeiung, die sich auf den Herrn selbst bezieht. Er ist der Eckstein in dem Gebäude Gottes. Jesaja 28,16 spricht von Ihm als von einem „kostbaren Eckstein", und 1. Petrus 2,6 bestätigt, dass dies der Herr Jesus ist. Auch wird von Ihm als von dem Fundament gesprochen, auf dem das ganze Gebäude steht. Der Eckstein ist der Bezugspunkt für das ganze Haus: Alles erhält von ihm seinen Charakter. Er spricht von Stabilität, die bleibenden Segen für Israel verbürgt im Gegensatz zu der Instabilität ihres Zustands, wie er in Vers 2 beschrieben wird.

Von Ihm kommt auch der „Pflock" oder Nagel. Dies ist eine andere Bezeichnung für den Messias. Er ist wie ein Pflock, eingeschlagen „an einen festen Ort" (Jes 22,23). Der „Nagel" ist eine Aufhängevorrichtung für Kleider oder andere Gegenstände. Er wird alle Herrlichkeit tragen, die niemand sonst zu tragen vermag, ein Gewicht von Herrlichkeit, das menschliche Kraft weit übersteigt. Ferner kommt der „Kriegsbogen" von Gott, ein weiteres Symbol für den Herrn Jesus. Er wird Siege vollbringen, so wie der Bogen die Pfeile losschießt, um die Macht des Feindes wirksam zu zerschlagen. Seine Pfeile werden immer ihr Ziel erreichen. Diese Kennzeichen seines Charakters sind wesentlich mit der Einführung des Segens für Israel im Tausendjährigen Reich verknüpft.

Schließlich werden neben dem Messias noch andere Personen erwähnt. „Von ihm werden alle Bedränger hervorkommen insgesamt." Er wird Männer seiner Wahl berufen, die Regierungsautorität über das zu neuem Leben erweckte Israel ausüben werden. Das Wort *insgesamt* drückt aus, dass diese Herrscher einmütig dem HERRN ergeben sind. Er wird sie zu „Helden" machen (V. 5), ihnen Macht verleihen, ihre Feinde wie „den Kot der Straßen im Kampf [zu] zertreten", im Gegensatz dazu, wie sie selbst oft in der Vergangenheit niedergetreten worden sind. Das bezieht sich auf das Ende der Drangsal, nachdem der Herr Jesus plötzlich auf dem Ölberg erschienen und Israel in echter Buße und im Glauben zerbrochen ist, um ihren einst verworfenen Messias anzunehmen. Dann wird auch Juda unter der Führung des Herrn Jesus „in Jerusalem streiten" (Sach 14,14), denn „der HERR ist mit ihnen" (V. 5). Die Freude über die Gegenwart des Herrn bei ihnen wird ihnen ungewöhnlichen Mut und Kraft verleihen, sodass ihre Feinde, obwohl sie auf stattlichen Pferden reiten, zuschanden werden.

„Und ich werde das Haus Juda stärken" (V. 6). Obwohl Juda so sehr geschwächt sein wird, dass es ein Wiederaufleben nicht mehr erwartet, wird die Kraft des HERRN diesen Zustand völlig verändern. Auch das Haus Josephs wird hier erwähnt. Der HERR wird sie retten. In den Versen 6–12 haben wir den einzigen direkten Hinweis auf die zehn Stämme in Sacharja. Zuerst ist von ihnen als von Joseph die Rede, dann als von Ephraim, der ein Sohn

Josephs war und mit seinem Namen die zehn Stämme repräsentierte. So werden sie manchmal *Ephraim* genannt, manchmal *Joseph* und oft *Israel*.

Obwohl Sacharja sich sehr ausführlich mit Jerusalem und Juda beschäftigt, benutzt er doch diese eine Gelegenheit, um uns zu berichten, dass die zehn Stämme ebenfalls Anteil an den großartigen Segnungen im Tausendjährigen Reich des Herrn Jesus haben werden. Er wird sie retten und sie aus ihrer dunklen Unbekanntheit in das Land zurückbringen. Juda wird daran erinnert, dass, obwohl sie die zehn Stämme wegen ihrer Abtrünnigkeit unter der Regierung Jerobeams verachtet haben, Gott sich dieser Stämme erbarmen wird, und sie werden sein, als hätte Gott sie nicht verstoßen. Wunderbar ist die Gnade Gottes, die die schmerzlichen Züchtigungen seiner Gerichte ins Gegenteil verkehren kann, wenn diese Gerichte ihren Zweck erfüllt haben. Er kann das tun, weil Er „der HERR, ihr Gott" ist und ihnen antworten wird. Sie waren über Jahrhunderte hin „verloren" oder „verborgen". Doch Er weiß, wo sie sind, und wird sie bildlich gesprochen aus ihren Gräbern herausholen.

„Und Ephraim wird sein wie ein Held" (V. 7), ebenso wie es in Vers 5 von Juda gesagt wird. Dies ist ein wunderbarer Wechsel, der bewirkt, dass ihr Herz sich freuen wird „wie vom Wein". Der Unterschied ist jedoch, dass Wein einen Menschen nur für kurze Zeit erheitert, während die Freude Ephraims andauern und vollständig sein wird. Auch die Kinder werden sie anteilnehmend miterleben und sich freuen, denn es wird ein dramatischer Wandel sein, gab es doch in ihrem bisherigen Leben keine Aussicht auf Wohlstand und Segen. Sie werden jubeln, nicht nur in ihren veränderten Verhältnissen, sondern „in dem HERRN". Die Erkenntnis des Herrn Jesus selbst macht den ganzen Unterschied aus.

„Ich will sie herbeizischen und sie sammeln" (V. 8). Das Wort für *herbeizischen* geht auf eine schrill tönende Pfeife zurück, wie sie die Hirten benutzten, um die Schafe zu sammeln. Israel wird also an jenem Tag auf den gebietenden Ruf des Herrn Jesus antworten und zu Ihm zurückkehren. Er fügt hinzu: „Denn ich habe sie erlöst". Das ist prophetische Sprache. Obwohl das Volk schrecklich verringert und an Zahl vermindert worden ist, wird es wieder so zahlreich sein wie in seinen besten Tagen.

„Und ich will sie unter den Völkern säen, und in den fernen Ländern werden sie meiner gedenken; und sie werden mit ihren Kindern leben und zurückkehren" (V. 9). Gott wachte jederzeit über die Zerstreuung Israels und prophezeite sie lange im Voraus. Die Dauer ihrer Zerstreuung war viel länger, als viele es sich vielleicht vorgestellt hatten, und einige haben behauptet, sie sei zu lang gewesen, als dass Israel noch anerkannt werden könnte, wenn sie wieder gesammelt sind. Dennoch erkennen wir darin auf wunderbare Weise das souveräne Handeln Gottes. Die Juden haben ihre nationale Identität bewahrt, obwohl sie jahrhundertelang unter andere Völker zerstreut waren. Was die zehn Stämme angeht, so vermag Gott sie ebenso zurückzubringen, wie Er solche aus Juda ins Land zurückzubringen vermag und dies bereits in den vergangenen Jahren getan hat. Wunderbar ist die Gnade Gottes, und nicht weniger wunderbar ist seine Macht.

Vers 10 zeigt, dass einige im Land Ägypten zerstreut waren, andere über das assyrische Weltreich hin, das einen großen Teil des Nahen Ostens umfasste. Ägypten liegt im Süden und Assyrien im Norden, also in entgegengesetzten Richtungen. So sind die zehn Stämme in verschiedene Gegenden zerstreut worden, genauso wie Juda. Gott wird sie „in das Land Gilead und auf den Libanon bringen". Juda wohnte nicht wie die zehn Stämme in diesen Gebieten. Gilead liegt östlich von Jerusalem und der Libanon nördlich. Israel wird das in Besitz nehmen, was ihnen Jahrhunderte zuvor gehörte. Aber nicht einmal dieser Raum wird für sie ausreichen – eine Aussage, die uns an Jesaja 49,20 erinnert: „Die Kinder deiner Kinderlosigkeit werden noch vor deinen Ohren sagen: Der Raum ist mir zu eng; mache mir Platz, dass ich wohnen möge."

Die Antwort auf diesen Protest bezüglich der Größe des Landes Israels in der Vergangenheit findet sich in einer der ältesten Prophezeiungen Gottes. Er sagte zu Abraham: „Deinem Samen gebe ich dieses Land vom Strom Ägyptens bis an den großen Strom, den Strom Phrath“ (1. Mo 15,18). Diese Grenzen umfassen ein viel größeres Gebiet, als Israel jemals besessen hat, doch Gott hat es dem Volk verheißen.

„Er wird durch das Meer der Angst ziehen und die Wellen im Meer schlagen“ (V. 11). Das Meer ist ein Symbol für die heidnischen Völker (Offb 17,15). Der Herr Jesus wird alle diese Völker mit seinem verheerenden Gericht durchziehen. Die Tiefen des Stromes, die Quellen der Erfrischung für diese Völker, werden versiegen und zur Wüste werden. Die Demütigung Assyriens und Ägyptens wird besonders erwähnt. Die zehn Stämme werden im HERRN gestärkt werden, um in seinem Namen zu wandeln (V. 12). Nicht länger von Feinden unterdrückt, werden sie in Freiheit ihr eigenes Land haben und sich willig der Autorität des HERRN unterwerfen.

Kapitel 11

Gericht, weil der wahre Hirte Israels verworfen und ein falscher Hirte angenommen wird (V. 1–6)

Dieses Kapitel ist ganz und gar prophetisch. Es beschäftigt sich hauptsächlich mit den Leiden Israels infolge ihrer Verwerfung Christi, die schließlich in ihrer tragischen Annahme des Antichrists endet, den Gott zu seiner Zeit richten wird.

„Tue auf, Libanon, deine Tore, und Feuer verzehre deine Zedern" (V. 1). Der Libanon ist ein ständiges Opfer von Invasionen aus dem Norden gewesen und hat jahrelang von Seiten fremder Nationen gelitten, die in seinem Gebiet ein stehendes Heer unterhielten. Aber das Schlimmste hat er noch nicht gesehen. Auch wenn er sich dagegen sträubt, wird der Libanon der nördlichen Armee, dem König des Nordens und seinen Verbündeten, seine Tore öffnen müssen, damit sie hindurchziehen, um Israel anzugreifen, nachdem diese den „Gräuel der Verwüstung" an heiliger Stätte aufgestellt haben. Das wird in der Mitte der siebzigsten Woche Daniels geschehen (Dan 9,27), zu Beginn der dreieinhalbjährigen „großen Drangsal". Wenn auch der Angriff Israel gilt, so wird doch auch der Libanon notvolle Tage erleben. Das Feuer, das seine Zedern verzehrt, kann buchstäblich zu verstehen sein, aber ernster noch ist die bildliche Bedeutung, denn Zedern sprechen von hohen Würdenträgern. Zypressen (V. 2) weisen auf die Reichen hin, Eichen Basans auf die Starken. Alle werden niedergestreckt werden, ebenso „der unzugängliche Wald". Die Masse der gewöhnlichen Leute (der Wald) wird den Starken und Mächtigen nicht länger Gewinn[10] bringen.

Der Angriff des Königs des Nordens stößt rasch nach Süden vor. Nicht nur die Hohen und Mächtigen im Libanon werden nieder-

---

[10] Die King James Übersetzung hat statt „der unzugängliche Wald" hier „the forest of the vintage" (der Wald der Weinlese) – (Anm. d. Üb.).

gestreckt, sondern der König des Nordens wird gegen Israel anstürmen (Dan 11,40) und gegen seinen „nichtigen Hirten", den Antichrist. Die Hirten (V. 3), die heulen, sind vor allem die Führer Israels, weil ihre „Herrlichkeit" verwüstet ist. Dies scheint sich auf den Tempel zu beziehen, den Gott beschützen würde, wenn Israel Ihm treu geblieben wäre, aber zu dieser Zeit wird das Volk durch Götzendienst furchtbar verunreinigt sein. Deshalb lässt Gott es zu, dass der Tempel in die Hand des Feindes fällt. Der König des Nordens und seine Armeen (offensichtlich Moslems) werden ihn mit Genugtuung schänden, wie in Psalm 79,1 vorausgesagt ist.

Das Brüllen der jungen Löwen steht im Gegensatz zu dem Heulen der Hirten, obwohl derselbe Angriff die Ursache für beides ist. Die Löwen sind die Kämpfer, und anscheinend ist „die Pracht des Jordan" der Stolz Israels auf seine militärische Stärke. Aber sie wird sehr schnell zunichte werden.

Vers 4 kommt auf das Wort zurück, das der HERR schon früher an die Hirten richtete: „Weide die Herde des Würgens." Der HERR war besorgt um sein Volk, das tatsächlich zur Schlachtung bestimmt war, wie es auch in Bezug auf die Christen heutzutage heißt: „Deinetwegen werden wir getötet den ganzen Tag; wie Schlachtschafe sind wir gerechnet worden" (Röm 8,36). Dieser Vers ist ein Zitat aus Psalm 44,22 und bezieht sich unmittelbar auf Israel. Gottes Gedanken über sie waren nicht solche des Würgens, sondern der Fürsorge, dass sie geweidet werden möchten. Aber ihre Käufer (oder die, die sie gefangen nahmen) hielten es für gut, sie zu töten, da sie überzeugt waren, dass Israel eine so üble Behandlung verdiente. Deshalb hielten sie sich selbst nicht für schuldig, als sie Israel Leiden zufügten. Zugleich vermehrten sie ihren Reichtum, indem sie Israel ausbeuteten, und dankten noch dem HERRN, dass Er sie angeleitet hätte, dies zu tun! So weit geht die Verdorbenheit des menschlichen Herzens. Und dann: „Deren Hirten sie nicht verschonen" (V. 5). Das sind die Autoritäten in Israel, die verantwortlich waren, für die Schafe zu sorgen, aber sie waren verachtenswerte Leute, gierig auf Gewinn, wie es auch zur Zeit des Endes sein wird (Jes 28,14–18). Traurigerweise wird das Volk solche Machthaber willig ertragen und an den Folgen leiden müssen.

Der HERR sagt, dass Er die Bewohner des Landes nicht länger verschonen wird. Ernstes Gericht wird über die Menschen kommen, indem sie ihren feindlichen Nachbarn ausgeliefert und in die Hand des Königs des Nordens gegeben werden, wie wir es in diesem Kapitel schon gesehen haben. Sie werden das Land verwüsten, ohne dass Gott auf irgendeine Weise eingreift: Er wird Israel nicht befreien. Später wird der HERR selbst kommen und sie von dem König des Nordens befreien, aber dies wird erst dann geschehen, wenn Er sein ganzes Werk an seinem eigenen Volk getan hat, und zwar durch die Leiden der Drangsal.

Der wahre Hirte (V. 7–14)

„Und ich weidete die Herde des Würgens" (V. 7). Sacharja spricht hier stellvertretend für den Herrn Jesus. Obwohl das Gericht drohend über Israel hing, scheute dieser wahre Hirte keine Mühe bei der Suche nach ihrer Wiederherstellung; er würde sie so lange weiden, wie sie seine Fürsorge annehmen würden. Seine Vorgeschichte auf der Erde bei seinem ersten Kommen zeigt dies wunderschön. Beständig und eifrig suchte Er den Segen Israels, bis sie Ihn ablehnten und kreuzigten. Die Führer beschlossen seine Kreuzigung, und die Menge folgte ihnen. Die Treuen unter ihnen („die Elenden der Herde") waren glücklich über die geistliche Nahrung, die Er ihnen gab, aber dies war eine sehr kleine Minderheit.

Die beiden Hirtenstäbe, die Sacharja nimmt, heißen *Huld* (oder Schönheit, Lieblichkeit) und *Bande*. Der erste spricht von der Beziehung Israels zu Gott, die schön ist, wenn sie sich Ihm willig unterwerfen. Es wird wirklich so sein, wenn Israel zum HERRN zurückgebracht ist zu den Segnungen des Tausendjährigen Reiches, wie es in Psalm 90,17 heißt: „Und die Huld [o. Lieblichkeit] des Herrn, unseres Gottes, sei über uns." Gott hatte Israel diese

Huld auf der Grundlage ihres Gehorsams unter dem Gesetz in Aussicht gestellt (5. Mo 7,12–15). „Bande" symbolisiert die Einheit Israels in ihrer Beziehung untereinander. Wenn sie die rechte Beziehung zu Gott gehabt hätten, wären auch ihre Beziehungen untereinander dauerhaft gewesen.

Vers 8 zeigt, dass der wahre Hirte so vollkommen für seine Schafe sorgt, dass Er sagt: „Und ich vertilgte drei Hirten in *einem* Monat." Es handelt sich hierbei um böse Männer, die den Platz von Hirten einnehmen, aber die Herde verderben. Er sagt: „Und meine Seele wurde ungeduldig über sie, und auch ihre Seele wurde meiner überdrüssig." Es hat manche Spekulationen darüber gegeben, wer diese drei sind, denn in Israels Geschichte wird darüber nichts berichtet. Deshalb muss es prophetisch gemeint sein. Ich weiß von keinem anderen Fall, wo drei bedeutende Feinde des Herrn Jesus in so kurzer Zeit ausgeschaltet werden, als dem des Tieres, des falschen Propheten und des Königs des Nordens. Das römische Tier und der falsche Prophet (der Antichrist) werden bei Harmagedon von dem Herrn Jesus, der auf einem weißen Pferd erscheint, gemeinsam ergriffen und lebendig in den Feuersee geworfen werden (Offb 19,11–20).

Unmittelbar danach erscheint der Herr in Jerusalem, wenn die Stadt von den Armeen des Königs des Nordens umgeben ist. Die Juden werden in tiefer Buße zusammenbrechen, wenn sie auf den blicken, den sie durchbohrt haben (Sach 12,9–14). Er wird dann die Armeen Israels anführen und gegen die Belagerungsarmee streiten (Sach 14,3.14). Der König des Nordens wird sich in seinem Hochmut „gegen den Fürsten der Fürsten ... auflehnen, aber ohne Menschenhand zerschmettert werden" (Dan 8,25). Diesen Mann wird offensichtlich dasselbe Schicksal treffen wie das Tier und den falschen Propheten, nämlich dass er in den Feuersee geworfen wird (Jes 30,31–33). Der König des Nordens und der Assyrer sind dieselbe Person. Alle drei halten sich für Hirten des Volkes, besorgt um das Wohlergehen ihrer jeweils eigenen Nation, aber alle drei werden im Zeitraum eines Monats vertilgt werden. Wenn ich diesen Vers auf sie anwende, möchte ich das nicht dogmatisch behaupten, aber ich kenne keine anderen drei, die dieser Beschreibung entsprechen. Diese drei werden Israel zur Zeit des Endes die größte Not bereiten.

Vers 9 zeigt, dass Israel sich trotz der treuen Fürsorge des Herrn gegen Ihn aufgelehnt hat, und eben wegen dieser Auflehnung sagt Er: „Ich will euch nicht mehr weiden." Er überlässt sie vorläufig sich selbst, damit sie an den Folgen ihrer Torheit leiden: Er wird nicht eingreifen, um den Tod und die Ausrottung derer zu verhindern, die an diesen Folgen leiden. „Was stirbt, mag sterben, und was umkommt, mag umkommen." Ja, noch mehr: „Und die Übrigbleibenden mögen einer des anderen Fleisch fressen." Dies hat bei einigen Strafgerichten, als sie belagert wurden, buchstäblich stattgefunden (2. Kön 6,26–29), und in der Drangsal wird es sich zweifellos wiederholen. Geistlich gesprochen führt die erbitterte Feindseligkeit zwischen Nachbarn dazu, dass die Leute sich gegenseitig beißen und fressen. Das ist die Folge davon, dass man Gott ignoriert.

Sacharja nimmt daraufhin den ersten Stab, *Huld*, und zerbricht ihn in Stücke (V. 10). Das bedeutet, dass die Beziehung zwischen Israel und Gott zerbrochen ist. Der Gesetzesbund hatte den Gehorsam Israels zur Bedingung. Wenn Israel sich gegen Gott auflehnte, war Gott völlig im Recht, diesen Bund zu brechen, denn Israel hatte ihn zuerst gebrochen. So war jene wunderschöne Beziehung vollständig abgebrochen. „Alle Völker" (oder Stämme) des Volkes Israel waren in diese Trennung zwischen ihnen und dem Herrn einbezogen.

Dennoch gab es einige unter dem Volk, „die Elenden der Herde" (V. 11) – der gottesfürchtige Überrest –, die auf Gott warteten und mit aufmerksamem Herzen sein Handeln anerkannten. Sie erkannten, dass das Wort des Herrn sich darin verwirklichte, dass Gott Israel die schmerzlichen Folgen ihrer Schuld spüren ließ. Aber die meisten waren verhärtet und uneinsichtig und glaubten nicht, dass Gott den Lauf der Dinge durch die Autorität seines Wortes überwachte.

Die Sprache in den Versen 12 und 13 ist verschleiert, denn wir wissen aus Matthäus 27,3–10, dass diese Prophezeiung sich in der traurigen Geschichte des Judas erfüllte, der den Herrn Jesus für dreißig Silberstücke verriet, dann unter Gewissensbissen mit dem Geld zu den Hohenpriestern zurückkehrte und es in den Tempel warf. Mit diesem Geld kauften sie den Acker des Töpfers als Begräbnisstätte für Fremde.

Warum wird der Herr durch Sacharja vertreten in der Aufforderung: „Wenn es gut ist in euren Augen, so gebt mir meinen Lohn"? Geschah es nicht in dem Sinn, dass Er sich Israel vorstellte, um ihnen die Wahl zu überlassen, was sie mit Ihm tun würden? Er wehrte sich nicht dagegen, überliefert zu werden. Sie entschieden, dass es dreißig Silbersekel wert wäre – der Preis eines Sklaven, den ein Ochse zu Tode gestoßen hatte (2. Mo 21,32) –, Ihn ermorden zu lassen. Dann sagt Gottes souveränes Wort in Vers 13: „Wirf ihn dem Töpfer hin." Während es in Matthäus die Hohenpriester sind, die diese Entscheidung treffen, war es doch in Wirklichkeit Gott, der souverän in ihnen wirkte und sie zu dieser Entscheidung brachte. Wie gut zu wissen, dass Gott alles vollkommen in der Hand hat!

Von den dreißig Silbersekeln sagt Sacharja: „Und ich nahm die dreißig Silbersekel und warf sie in das Haus des HERRN, dem Töpfer hin." Wenn es auch in Wirklichkeit Judas war, der das Geld in das Haus des HERRN warf, wird hier der Vorgang so dargestellt, um zu zeigen, mit welcher Demut der Herr Jesus seine Verwerfung annahm, und auch um die Ungeheuerlichkeit der Schuld Israels hervorzuheben: Das Blutgeld war im Tempel zu sehen, an dieser für Israel so heiligen Stätte! Der Töpfer ist jemand, der Macht über den Ton hat, um das eine Gefäß zur Ehre und das andere zur Unehre zu machen (Röm 9,21), eine Erinnerung an das souveräne Handeln Gottes mit den „Elenden der Herde" oder mit Menschen wie Judas, den Hohenpriestern oder Pilatus, die trotz ihrer hartnäckigen Entschlossenheit, ihren eigenen Willen zu tun, doch nur Werkzeuge in der Hand eines souveränen Gottes waren.

Nachdem der Messias verworfen ist, muss nun auch der zweite Stab, *Bande*, zerbrochen werden (V. 14). Das bedeutet, dass die Einheit von Juda und Israel zerbricht. Da ihre Beziehung zu Gott zerbrach, wie wir es bei dem Stab *Huld* sahen, erleidet auch ihre Beziehung zueinander unverzüglich dasselbe Geschick. Sie werden einem Zustand der Zwietracht und des Elends überlassen. Hiermit endet die Beschreibung des wahren Messias und seiner Verwerfung durch sein Volk mit den sich daraus ergebenden Konsequenzen.

Der nichtige Hirte (V. 15–17)

Wir haben gesehen, dass Sacharja den wahren Hirten darstellt; in Vers 15 nun weist der HERR ihn an, den törichten Hirten darzustellen, den Antichrist, indem er die Ausrüstung dieses Mannes nimmt, um den Ernst eines Zustandes der Auflehnung gegen den HERRN zu empfinden.

In Apostelgeschichte 3,26 sind die Worte des Petrus an Israel aufgezeichnet: „Euch zuerst hat Gott seinen Knecht, als er ihn erweckte, gesandt, euch zu segnen." Doch Israel lehnte Ihn ab und verwarf den Segen, den Er bringen sollte. Nun spricht Gott: „Denn siehe, ich erwecke einen Hirten im Land: Der Umkommenden wird er sich nicht annehmen, das Versprengte wird er nicht suchen und das Verwundete nicht heilen; das Gesunde wird er nicht versorgen." Dies ist die negative Seite: Dieser Hirte wird keinerlei Segen bringen. Gott wird ihn erwecken, weil Israel den treuen Hirten abgelehnt hat. Nun soll Israel durch Erfahrung die Torheit einer solchen Wahl kennen lernen. Der Herr Jesus kam im Namen seines Vaters und wurde nicht angenommen; der Antichrist wird in seinem eigenen Namen kommen und von Israel angenommen werden (Joh 5,43). Dies wird erst nach der Aufnahme der Kirche in den Himmel geschehen. Obwohl die Ankunft des Antichrists gemäß der Wirksamkeit des Satans erfolgt (2. Thes 2,9), steht Gott dennoch souverän darüber und lässt Israel wissen, dass Er diesen Betrüger erwecken wird.

Der Antichrist hat, was seinen bösen Charakter betrifft, nicht nur insofern eine negative Seite, als er Israel keinen Segen bringt, sondern er hat auch eine niederträchtige Seite, die sich darin zeigt, dass er das Fleisch der fetten Schafe essen und ihre Klauen zerreißen wird. Die fetten Schafe sind solche, die Gedeihen haben, und der Antichrist wird ihren Wohlstand verzehren und sie untüchtig machen, angemessen vor Gott zu leben. Er wird ein Meister der Heuchelei sein, der vorgibt, ein frommer, um das Wohlergehen seines Volkes besorgter Jude zu sein (Ps 55,12–14), jedoch nichts anderes tut, als sie zu betrügen. In dem gleichen Psalm wird uns gesagt: „Glatt sind die Milchworte seines Mundes, und Krieg ist sein Herz; geschmeidiger sind seine Worte als Öl, und sie sind gezogene Schwerter“ (Ps 55,21). Er wird den gottesfürchtigen Überrest Israels dazu benutzen, ihm zu einer Machtstellung zu verhelfen, wie man in Psalm 55,12–14 sehen kann. Er wird als einer von ihnen vertrauensvollen Umgang mit ihnen pflegen, sich freundlich mit ihnen beraten und zusammen mit ihnen zum Haus Gottes gehen. Wie Judas wird er die Frommen täuschen, sodass sie denken, er gehöre zu ihnen. Wenn er dann zu einer Vorrangstellung unter ihnen gelangt ist, wird er sich grausam gegen sie wenden und die verfolgen, die ihm behilflich waren (Ps 55,20). Obwohl er behauptet, ein Hirte zu sein, wird er ein bloßer Mietling sein (Joh 10,12).

„Wehe dem nichtigen Hirten, der die Herde verlässt!“ (V. 17). Dieser Mann wird viele Namen haben. Da er nichtig ist, verdient er es nur noch, verstoßen zu werden. Seine prahlerische Vorrangstellung währt nicht lange; dann wird das feierliche Wehe von Seiten Gottes in einem zerstörenden Gericht über ihn kommen, und er wird lebendig in den Feuersee geworfen werden (Offb 19,20).

Es wird uns gesagt, dass dieser nichtige Hirte die Herde verlässt. Wenn er in Israel groß geworden ist und seine Streitmacht mit dem römischen Tier vereinigt (Offb 13), wird er dem Tier im Tempelbereich in Jerusalem ein Bild aufstellen. Dieses Bild wird „Gräuel der Verwüstung“ genannt (Mt 24,15). Er wird Israel auffordern, dem Tier Loyalität entgegenzubringen. Die ganze westliche Welt wird der Irreführung durch das Tier erliegen; sie wird überzeugt sein, dass niemand in der Lage ist, erfolgreich gegen das Tier Krieg zu führen. Das wird jedoch den König des Nordens nicht einschüchtern, den Gott wegen Israels „Beschirmung" des Götzendienstes (Dan 9,27) senden wird, um in das Land einzufallen. Er wird gegen den Antichrist „anstürmen", und dieser nichtige Hirte wird „die Herde verlassen". In dem Augenblick, wo Israel die größte Drangsal seiner Geschichte erlebt, wird dieser stolze Führer, der so verehrt wurde, die Schafe im Stich lassen und sie dem Wolf überlassen! Was für ein Gegensatz zu dem wahren Hirten, der kurze Zeit später nach Israel zurückkehrt, wenn sie in Gefahr sind, gänzlich vernichtet zu werden. Er wird seine Schafe trösten und sie leiten, um sein Gericht über den König des Nordens und seine Armeen zu bringen (Sach 12,10; 14,3.14).

Das Schwert wird den Arm des Antichrists treffen, um ihn verdorren zu lassen (nicht um ihn abzuschlagen). Der Arm spricht von erfolgreicher Macht. Das Schwert, ein Symbol des Wortes Gottes, hat die Kraft, alle Macht der Geschöpfe unwirksam zu machen. Der Antichrist wird noch zwei Arme haben und damit in die Hölle des Feuers geworfen werden (Mk 9,43). Sein rechtes Auge wird erblinden. Das linke Auge spricht von Urteilskraft, durch die wir Licht empfangen, aber das rechte Auge ist wichtiger. Es spricht vom Grundsatz des Glaubens an den lebendigen Gott. Weil dieser Mann Gott aus seinem Denken ausschließt, blendet er sich selbst vor der Wahrheit Gottes durch sein verdrehtes Denken. Wenn jemand sich willentlich blind macht, wird Gott ihn durch das Gericht erblinden lassen. Doch wird der Antichrist noch zwei Augen haben und damit in die Hölle des Feuers geworfen werden (Mk 9,47).

Kapitel 12

Die Befreiung Judas und Jerusalems (V. 1–9)

In diesem Kapitel wird Juda fünfmal und Jerusalem zehnmal erwähnt. Alles in diesem Kapitel bezieht sich prophetisch auf die Zukunft, ebenso wie die Kapitel 13 und 14 – außer Kapitel 13,7, wo es um das Schlagen des Hirten Gottes geht, d. h. um den Tod Christi, was mit der gesamten Prophezeiung klar verknüpft ist.

Es ist der „Ausspruch des Wortes des HERRN über Israel", denn das ganze Volk wird einbezogen sein, obwohl Juda als Zentrum des Volkes gesehen wird: Judas endgültiger Segen bedeutet auch Segen für ganz Israel. Der HERR stellt sich selbst als der vor, „der den Himmel ausspannt und die Erde gründet und des Menschen Geist in seinem Innern bildet". Die Verben „ausspannen", „gründen" und „bilden" weisen auf eine dauerhafte Kraft hin. Wir haben es mit einem Gott zu tun, der nicht nur alle Dinge ins Dasein gerufen hat, sondern der sein Werk der Aufrechterhaltung der Schöpfung nach seinem eigenen souveränen Willen auch fortsetzt. Manche meinen, dass Gott sich nach seinem anfänglichen Schöpfungswerk aus der Szene zurückgezogen habe und erlaube, dass jedes Ding sich für sich selbst weiterentwickelt, aber das ist ganz und gar falsch! Seine Macht wirkt beständig, um die Himmel und die Erde aufrechtzuerhalten und auch den Geist des Menschen in seinem Innern zu bilden. Wir wissen, dass unsere Gedanken, Gefühle und Einstellungen sich verändern, wenn wir älter werden. Das geschieht, weil Gott sich während unseres gesamten Lebens beständig mit uns beschäftigt. Weil Israel sich den Forderungen Gottes gegenüber gleichgültig verhielt, musste es daran erinnert werden, dass Gott sich beständig um sie bemühte.

„Siehe, ich mache Jerusalem zu einer Taumelschale für alle Völker ringsum; und auch über Juda wird es kommen bei der Belagerung von Jerusalem" (V. 2). Das Wort *Taumel* enthält den Gedanken, dass Leute schwankend oder torkelnd gemacht werden wie Betrunkene. Wenn Feinde oder auch Freunde sich in Jerusalem einmischen, wird Gott bewirken, dass sie sich verhalten, als hätten sie einen Trank zu sich genommen, der sie völlig unfähig macht, noch vernünftig zu handeln. Die Belagerung Jerusalems und Judas erfolgt durch den Angriff des Königs des Nordens und seine verschiedenen verbündeten Armeen während der Zeit der großen Drangsal.

„Und es wird geschehen *an jenem Tag*, da werde ich Jerusalem zu einem Laststein machen für alle Völker: Alle, die ihn aufladen wollen, werden sich gewisslich daran verwunden. Und alle Nationen der Erde werden sich gegen es versammeln“ (V. 3). Der Ausdruck „an jenem Tag“ entspricht der häufigen Erwähnung des „Tages des HERRN“ in der Schrift. Dieser Tag beginnt, wenn der Herr selbst durch aktives Gericht eingreift, weil die Bosheit des Menschen sich zu dem Gipfel steigert, die Autorität Gottes öffentlich herauszufordern, indem sie dem Tier das Bild im Tempelbereich Jerusalems aufstellen (Offb 13,14–17). Alle jene Nationen, die meinen, sie könnten sich mit Jerusalem befassen, ob aus Feindschaft oder aus dem offensichtlichen Wunsch heraus, ihnen zu helfen, werden weit schwerere Folgen erleiden, als sie gedacht hatten. Das wird nicht nur für den König des Nordens und seine Verbündeten gelten, die Israel vernichten wollen, sondern auch für das Tier und seine westeuropäischen Armeen, die kommen, um Israel gegen den König des Nordens zu verteidigen. Dies erinnert uns an die Worte, die Gott an Laban richtete: „Hüte dich, dass du mit Jakob weder Gutes noch Böses redest“ (1. Mo 31,24). Gott handelte mit Jakob: Laban durfte Jakob wegen seines falschen Handelns weder entschuldigen oder verteidigen noch ihn anklagen oder verurteilen. Auch Nationen müssen lernen, andere Nationen Gott zu überlassen, damit Er mit ihnen handelt, statt sich selbst auf irgendeine Weise einzumischen.

Vers 4 berichtet, wie der HERR Pferd und Reiter mit Scheuwerden und Wahnsinn schlagen wird, was sich auf den König des Nordens und seine Verbündeten bezieht, die sich gegen Juda versammeln. Gott wird seine Augen über Juda offen halten, d. h. Er wird aktiv und wacht über sie zum Guten. Deshalb verwirrt Er ihre Feinde und die Pferde, auf die sie sich verlassen. Die Pferde mögen hier Taktiken und Prinzipien der Kriegführung bedeuten, auf die sich ihre Feinde verlassen, um den Sieg zu erlangen, aber weil Gott mit Macht eingreift, geraten diese Strategien durcheinander und werden nutzlos, und die darauf bauen, richten so wenig aus wie ein wahnsinniger Mann. Ebenso werden alle Pferde der Völker mit Blindheit geschlagen, sodass sie nicht mehr wahrnehmen, was um sie herum wirklich geschieht.

Zu dieser Zeit werden die Fürsten oder Führer der Umgebung von Juda den Wert Jerusalems als Zentrum ihrer Nation anerkennen, und sie werden den Glauben der Bewohner der Stadt, die einem solchen Ansturm trotzen, zu würdigen wissen. Ihr Glaube wird den Fürsten Judas zur Stärke sein „in dem HERRN der Heerscharen, ihrem Gott“. Nehemia 11,2 enthält eine Bemerkung, die es wert ist, hier von uns bedacht zu werden: „Und das Volk segnete alle Männer, die sich freiwillig erboten, in Jerusalem zu wohnen.“ Die Stärke Jerusalems wird zur Stärke für ganz Juda „in dem HERRN der Heerscharen, ihrem Gott“.

Auch Vers 7 ist sehr interessant: „Und der HERR wird die Zelte Judas zuerst retten, damit die Pracht des Hauses Davids und die Pracht der Bewohner von Jerusalem sich nicht über Juda erhebe.“ Der Ausdruck „die Zelte Judas“ unterstreicht ihre schwache Position – sie sind dem Wüten des Feindes außerhalb der Mauern der Stadt ausgesetzt –, denn das Land wird in seiner ganzen Länge von Blut überschwemmt sein, symbolisch „bis an die Gebisse der Pferde“ (Offb 14,20), und zwei Drittel der Bewohner werden während der Drangsal „ausgerottet werden und verscheiden“ (Sach 13,8). Das mitfühlende Erbarmen des HERRN wird zuerst den Schwachen erzeigt werden, wenn Er Juda vor der Macht des Feindes rettet, der sich dann auf die Belagerung Jerusalems konzentriert (Ps 59,4–8). Der HERR wartet jedoch noch, bevor Er Jerusalem befreit, denn zu einem vollständigen Werk an den Bewohnern der Stadt gehört es, dass sie gedemütigt werden, statt sich selbst über Juda zu erheben.

Juda blickt auf den, den sie durchbohrt haben (V. 10-14)

Nachdem wir gelesen haben, dass die Zelte Judas zuerst gerettet werden, erfahren wir nun von der Verteidigung der Bewohner Jerusalems. Dieser letzte Teil von Kapitel 12 entfaltet wunderschön die Gnade und die Macht des Herrn Jesus, wie Er mit seinem Volk handelt, das Ihn jahrhundertelang verworfen hat; dabei werden wir an die Art und Weise erinnert, wie Joseph mit seinen Brüdern umging, als ihre Umstände sie praktisch zu einer Begegnung mit ihm zwangen (1. Mo 42–45). Aber was wir in Vers 8 finden, folgt eigentlich dem Geschehen der Verse 10–14, denn Vers 8 zeigt uns die neu gefundene Kraft und Ermutigung, die die Bewohner Jerusalems beleben wird. Die folgenden Verse geben den Grund dafür an. Strauchelnde unter dem Volk werden wie David sein, denn sie haben Stärke gefunden, wie David sie bei seinem Sieg über Goliath zeigte.

„Und das Haus Davids [wird sein] wie Gott, wie der Engel des HERRN vor ihnen her" (V. 8). Der Wechsel wird so gewaltig sein, dass die Entscheidungen und Fähigkeiten des Hauses David der souveränen, tatkräftigen Macht Gottes gleichen. Das wird so sein, weil „der Fürst des Hauses David", der Herr Jesus, seinen Platz höchster Autorität einnehmen wird, und das Volk wird durch Erfahrung lernen: „Alles vermag ich in dem, der mich kräftigt" (Phil 4,13). Auch heißt es, dass sie „wie der Engel des HERRN vor ihnen her" sein werden. Im Alten Testament griff der Engel des HERRN oft mit furchteinflößender Macht zugunsten Israels ein. Dieser Engel ist der Herr Jesus selbst, obwohl Er damals nicht im Fleisch offenbart war, wie Er es jetzt ist und wie Er sich Israel am Ende ihrer großen Drangsal vorstellen wird. Bei vielen Siegen im Alten Testament ging Er vor ihnen her, wenn auch unsichtbar, doch *an jenem Tag*, von dem Vers 8 spricht, wird Er es sichtbar tun. Die Kraft des Hauses Davids wird deshalb wie die des Engels des HERRN sein. Was für eine großartige Erfahrung! Doch eine solche Kraft ist den Gläubigen heute schon in geistlicher Weise gegeben, um sie zu einem lebendigen moralischen Triumph über jeden geistlichen Feind zu befähigen. Mögen wir die Gnade haben, sie richtig anzuwenden!

Jener Tag ist die von Gott festgesetzte Zeit, wo alle Nationen vertilgt werden, die gegen Jerusalem heranziehen (V. 9). Diese angreifenden Armeen werden vom König des Nordens, dem Assyrer, angeführt werden. Sie werden zuerst Jerusalem erobern und dann weiter nach Süden vordringen, um Ägypten, Libyen und Äthiopien zu unterwerfen (Dan 11,42.43), doch sie werden in großem Grimm zurückkehren, wenn Gerüchte aus dem Osten und dem Norden sie erreichen. Nationen aus dem Osten werden aufgestachelt, ebenfalls nach Jerusalem zu kommen, während das Tier und seine westlichen Armeen in Harmagedon ankommen, das nördlich von Jerusalem liegt, wohin der König des Nordens zurückgekehrt ist, um die Stadt zu belagern in der Absicht, die Juden völlig zu vernichten (Dan 11,44.45).

Bevor der Herr jedoch gegen diese Armeen vorgeht, hat Er an seinem eigenen Volk, den Juden, ein ernstes Werk zu tun. Er wird auf dem Ölberg stehen (Sach 14,4), von wo Er nach seiner Auferstehung aufgefahren war (Apg 1,9–12). Was für ein Anblick für Israel zu einer Zeit, wo sie sich in einer bis dahin nicht gekannten tiefen Verzweiflung befinden! Der Herr wird in ihrem Herzen auf erstaunliche Weise wirken, indem Er „über das Haus Davids und über die Bewohner von Jerusalem den Geist der Gnade und des Flehens" ausgießt in dieser wunderbaren Zeit, wenn sie „auf mich blicken, den sie durchbohrt haben" (V. 10). Es ist der HERR, der so spricht, denn der Herr Jesus ist der HERR, Gott über allem, gepriesen in Ewigkeit (Röm 9,5). Der Anblick dieses hochgelobten Messias Israels, den sie gekreuzigt haben, wird eine sehr tiefgründige, reuevolle Wehklage im Herzen dieses einst so rebellischen Volkes hervorbringen. Aus der Tiefe ihres Herzens werden die

Empfindungen kommen: „Fürwahr, er hat unsere Leiden getragen, und unsere Schmerzen hat er auf sich geladen. Und wir, wir hielten ihn für bestraft, von Gott geschlagen und niedergebeugt; doch um unserer Übertretungen willen war er verwundet, um unserer Missetaten willen zerschlagen. Die Strafe zu unserem Frieden lag auf ihm, und durch seine Striemen ist uns Heilung geworden" (Jes 53,4.5).

Sie werden wehklagen, wie man über *seinen einzigen Sohn* wehklagt, denn sie werden sich bewusst werden, dass Gott wegen ihrer Sünde in unvergleichlicher Gnade seinen einzigen Sohn der furchtbaren Not der Leiden ausgesetzt hat. Als der einzige (oder einzigartige) Sohn ist Er Gott gleich, denn Er ist der ewige Sohn und deshalb Gott selbst! Er ist auch der Erstgeborene, was die Wahrheit seiner Menschheit betrifft – nicht der Erstgeborene der Zeit nach, sondern indem Er die Rechte des Erstgeborenen hat, weil Er der ist, der Er ist (Kol 1,15.16). Der Erstgeborene hatte in Israel immer den Platz der Würde, aber manchmal griff Gott dadurch ein, dass Er die Rechte des Erstgeborenen jemandem gab, der später geboren war, wie im Fall Jakobs und Esaus oder Ephraims und Manasses (1. Mo 25,23; 18,14–19). So musste auch Adam seine Stellung als Erstgeborener an den Herrn Jesus abtreten.

Die große Wehklage in Jerusalem wird mit der Wehklage von Hadad-Rimmon im Tal Megiddo verglichen (V. 11). Hadad-Rimmon bedeutet „Schall des Granatapfels". Der Granatapfel (voller Samen) wird oft mit dem fruchtbaren Segen des Tausendjährigen Reiches verknüpft, und die Wehklage der Juden wird sein wie der Schall des verheißenen Segens, der für sie aufbewahrt ist, denn echte Reue ist das sichere Zeichen künftigen Segens. Die Wehklage in der Ebene Megiddo mag auf die Wehklage Israels um Josia bei dessen Tod im Tal Megiddo Bezug haben (2. Chr 35,22–25). Ähnlich wird Juda schmerzlich bewegt sein, wenn sie daran denken, dass der Herr der Herrlichkeit um ihretwillen den Tod erlitten hat.

Diese Beschreibung der Reue Judas und Jerusalems ist die prophetische Erfüllung der Wahrheit vom großen Versöhnungstag, von dem 3. Mose 23,26–32 spricht. An diesem Tag galt für die Kinder Israels jedes Jahr das Gebot: „Und ihr sollt eure Seelen kasteien und sollt dem HERRN ein Feueropfer darbringen." Wenn jemand seine Seele nicht kasteite oder an diesem Tag irgendeine Arbeit tat, sollte er durch den Tod ausgerottet werden. Hier wird somit schon ein Ausblick auf den Tag der Offenbarung Christi für Israel gegeben, wenn sie den anschauen werden, den sie durchbohrt haben, und dieser Anblick ihre tiefe Buße hervorbringen wird. Sie werden „zur Ruhe gelangen von ihren Werken" und *sein großes Werk* der Sühnung auf Golgatha würdigen. Wenn jemand das ablehnen wird, hat er allerdings ein hartes Herz und wird mit Recht durch Gericht weggerafft werden.

Die Wehklage über Christus wird so eindringlich tief und persönlich sein, dass jede Familie für sich wehklagen wird, und sogar Ehemänner und ihre Frauen werden getrennt voneinander vor Gott wehklagen. Wenn ein orthodoxer Jude sich zu Christus bekehrt, ist er häufig äußerst betroffen bei dem Gedanken, dass es sein eigenes Volk Israel war, das den Messias verachtet und verworfen hat. Der gleiche Schmerz wird das ganze jüdische Volk an diesem künftigen Tag nationaler Buße niederdrücken.

Besonders erwähnt wird zuerst das Geschlecht des Hauses Davids. David war *der König*, der schwer gegen Gott sündigte. Es folgt das Geschlecht des Hauses Nathans; er war *der Prophet*, der David entlarvte und ihn tadelte (2. Sam 12,7). Auch sein Geschlecht wird unter Buße wehklagen. Dann zeigt das Geschlecht des Hauses Levis, dass auch *die Priester* in diese Buße eingeschlossen sind. Es war ihre Aufgabe, jemanden, der gesündigt hatte, wiederherzustellen, aber nun brauchen sie selbst die Wiederherstellung. Zuletzt wird das Geschlecht des Hauses Simeis angeführt. Simei war *der Untertan*, der David verfluchte (2. Sam 16,5–8). Damit sind alle Klassen der Bevölkerung von Juda und Benjamin repräsentiert, wie man auch an dem Ausdruck „alle übrigen Geschlechter" erkennt, nachdem das Land während der großen

Drangsal furchtbar hohe Verluste erlitten hat. Wie großartig wird der Anblick dieses früher so rebellischen Volkes sein, das sich dann in echter Buße zu den Füßen des Herrn Jesus niederbeugt! Wir, die Kirche, werden das von der Höhe der Herrlichkeit Gottes aus mit ansehen. Wenn bei den Engeln Gottes bereits Freude ist über *einen* Sünder, der Buße tut, wie groß wird die Freude dann sein beim Anblick der gewaltigen Menge, die sich dem Herrn der Herrlichkeit in Buße und Glauben zuwendet! Es wird eine wirklich nationale Buße sein, doch zugleich auf wunderbare Weise auch eine persönliche.

Kapitel 13

Auf wahre Buße folgt großer Segen (V. 1–4)

Kapitel 13 schließt unmittelbar an das an, was in Kapitel 12 vorausging. Die Buße Judas wird eine wunderbare Antwort von Seiten Gottes finden, die zur Wiederherstellung führt. Die Quelle, die an diesem Tag für das Haus Davids geöffnet sein wird (V. 1), ist dieselbe Quelle, die auf Golgatha geöffnet wurde, die die Juden jedoch niemals zuvor anerkannt haben. Erst wenn ihnen ihre Sündhaftigkeit und Unreinheit bewusst wird, werden sie Gottes Hilfsmittel zu ihrer Reinigung wirklich zu würdigen wissen.

Die richterliche Reinigung von Sünden in den Augen Gottes geschieht „durch das Blut Jesu Christi, seines Sohnes", es „reinigt ... von aller Sünde" (1. Joh 1,7). Juda wird dann den Wert dieses Blutes begreifen, das auf Golgatha vergossen wurde, und durch dessen Kraft Frieden finden. Doch die Quelle ist nicht eine Quelle des Blutes, sondern des Wassers. Dies hat keine richterliche, sondern eine moralische Reinigung zur Folge. Das Wasser des Wortes Gottes (vgl. Eph 5,25.26) wird eine wunderbare Wirkung haben, indem es sogar die *Haltung* des Ungehorsams auf Seiten der Juden wegreinigen wird. Sie werden vor Gott von ihrer Schuld gereinigt werden, und sie werden *im Charakter* durch die Annahme des Wortes Gottes gereinigt werden, das eine wunderbare Kraft hat, alle ihre unreinen Gewohnheiten zu säubern. Das hebräische Wort für *geöffnet* beinhaltet eine dauerhafte Kraft, d. h. das Wort Gottes wird von dieser Zeit an beständig einen wertvollen Einfluss auf ihr Leben ausüben.

Es wird auch eine Reinigung des verheißenen Landes geben (V. 2). Der HERR der Heerscharen wird auf souveräne Weise wirken, um sogar die Namen der Götzen vollständig aus dem Land auszurotten: Ihrer wird nicht mehr gedacht werden. Die falschen Propheten, von unreinen Geistern getrieben, werden keinen Platz mehr haben. Prophezeiung wird überhaupt nicht mehr nötig sein, und jemand, der versucht, als Prophet aufzutreten, wird sich als offenkundig falsch erweisen. Wenn jemand dies tut, werden seine nächsten Verwandten angewiesen, ihn als Lügner zu entlarven und die Ersten zu sein, die ihn in ernstem Gericht durchbohren. Dies verdeutlicht die Tatsache, dass nicht jeder, der ins Tausendjährige Reich des Segens eingeht, auch wiedergeboren sein wird, doch das Gericht über aufrührerische Taten wird schnell und entschieden sein. Jesaja 65,20 belehrt uns, dass jemand, der mit hundert Jahren stirbt, noch ein junger Mann sein wird und nur unter einem Fluch wegen seiner eigenen Sünde sterben wird.

Jesaja 65,20 erinnert uns an 5. Mose 13,6–10, wo von jemandem die Rede ist (sei es Bruder, Sohn, Tochter, Frau oder Freund), der andere dazu verführt, anderen Göttern zu dienen. Diese Person musste getötet werden. So wird auch im Tausendjährigen Reich jemand, der weissagt, nicht von Gott gesandt sein, sondern ihn leitet der Beweggrund, die Leute falschen Göttern zuzuführen.

Wenn das Tausendjährige Reich aufgerichtet ist, werden falsche Propheten sich über ihre Visionen schämen, indem sie sehr wohl wissen, dass sie schuldig sind, andere getäuscht zu haben, und sie werden nicht länger einen härenen Mantel tragen, um die Leute zu verleiten, ihnen zu glauben (V. 4). Elia und Johannes der Täufer trugen solche Gewänder, doch das entsprach dem von ihnen geübten strengen Selbstgericht und ihrer echten Trauer über den Zustand des Volkes, dem sie prophezeiten. Prophezeiung erfolgte im Allgemeinen wegen des beklagenswerten Zustands unter dem Volk, aber Prophezeiung und Trauer sind nicht mehr passend, wenn der Herr Jesus die tausend Jahre des Friedens einführt.

Kein Prophet, sondern der wahre Diener (V. 5–9)

„Und er wird sprechen“ (V. 5). Damit ist ein bestimmter Mann gemeint im Gegensatz zu den Propheten von Vers 4. Der Herr

Jesus wird an jenem Tag kein Prophet sein: „Und *er* wird sprechen: Ich bin kein Prophet." Dann fügt Er hinzu: „Ich bin ein Mann, der das Land bebaut, denn man hat mich [als Sklave] gekauft von meiner Jugend an." Das hebräische Wort für *Landbebauer* oder *Landwirt* geht auf eine Wurzel zurück, die „dienen" bedeutet. Von seiner Jugend an gab der Herr Jesus sich dem Dienst an der Menschheit hin. Als Er auf der Erde war, war Er ein Prophet (Lk 7,16), aber auch da trat sein *Charakter als Diener* mehr hervor als seine prophetische Unterweisung. Wenn auch kein prophetischer Dienst mehr nötig sein wird, wenn Er kommt, um zu herrschen, wird Er doch für immer Diener oder Sklave bleiben (2. Mo 21,5.6 und Lk 12,37). Wie gut zu sehen, dass Dienen dem Herzen Gottes viel näher steht als Prophezeiung! Mögen auch wir jederzeit in einer Haltung willigen Dienens gefunden werden. Wir sollen Prophezeiung in so bösen Tagen wie den unseren nicht vernachlässigen, doch sie sollte immer im Geist bescheidenen Dienens erfolgen.

„Und wenn jemand zu ihm spricht: Was sind das für Wunden in deinen Händen?" (V. 6). Wenn Er einfach ein Diener ist, warum solche Wunden? Offensichtlich weiß der Fragesteller nichts von der Kreuzigung dieses Dieners Gottes, der dem Menschen in seiner tiefsten Not so gnädig gedient hat. Juda kann eine solche Frage nicht stellen, denn Juda war schuld an der Kreuzigung Christi, und Kapitel 12,10–14 zeigt Juda in tiefer Buße, bevor diese Frage gestellt wird. Es erscheint daher wahrscheinlich, dass die Frage von den zehn Stämmen gestellt wird, die zu dieser Zeit ins Land zurückkehren werden.

Manche bestreiten, dass sich diese Stelle auf den Herrn Jesus bezieht, aber ihre innere Beweiskraft macht deutlich genug, dass sie sich auf niemand anders beziehen kann. Die Antwort „Es sind die Wunden, womit ich geschlagen worden bin im Haus derer, die mich lieben" erinnert uns daran, dass es seine engsten Freunde waren, der Stamm Juda, die den Herrn Jesus so schmerzlich verwundet hatten.

Die Verse 7–9 umfassen die gesamte Zeit von der Verwerfung und Kreuzigung Christi bis zur Aufrichtung seines Tausendjährigen Reiches. Diese Art von Prophezeiungen finden wir oft in der Schrift: Der Nachdruck wird auf wichtige Fakten und deren Zusammenhang gelegt, auch wenn sie durch einen langen Zeitraum voneinander getrennt sind. Die dazwischen liegende Geschichte ist weggelassen, damit der Schwerpunkt auf den entscheidenden Tatsachen liegt. „Schwert, erwache gegen meinen Hirten und gegen den Mann, der mein Genosse ist!, spricht der HERR der Heerscharen; schlage den Hirten, und die Herde wird sich zerstreuen. Und ich werde meine Hand den Kleinen zuwenden." Es ist Gott, der spricht, aber Er gebrauchte das Schwert gottloser Menschen, um seine Worte auszuführen. Israel war praktisch sein Schwert, erwacht zu bitterer Feindschaft gegen den Mann, der Gottes Genosse ist, Ihm gleich. Gerade weil Er beanspruchte, der Sohn Gottes zu sein, war Israel entschlossen, Ihn zu töten. Christus allein steht in einer solchen Beziehung zu Gott, denn Er ist Gott. Aber nicht nur Israel schlug Ihn: Das Schwert des Gerichtes Gottes durchbohrte seine Seele, als Er allein die Qual des Verlassenseins von Gott wegen unserer Schuld und Sünden trug.

Die Schafe würden zerstreut werden. Zur Zeit der Kreuzigung des Herrn wurden die Jünger zerstreut (Mt 26,31.32; Joh 16,32); niemand war imstande, Ihm in dieser schrecklichen Stunde beizustehen. Und außerdem wurde das Volk des Landes Israel im Anschluss an diesen furchtbarsten aller Tode in alle Richtungen unter andere Völker zerstreut, und dies ist während der gesamten Zeit der Gnade für die Nationen so geblieben.

„Und ich werde meine Hand den Kleinen zuwenden." Der Ausdruck *die Kleinen* weist auf solche hin, die gering zu sein scheinen – „die Elenden der Herde" (Kap. 11,11), der verachtete Überrest gottesfürchtiger Israeliten. Sogar diese werden eine lange Zeit leiden, doch wir wissen, dass Gott sie in seiner Gnade durch all die Leiden hindurch bewahren wird, um ihnen schließlich an dem zukünftigen Tag der tausendjährigen Herrlichkeit seine Güte zu offenbaren.

Vers 8 weist auf das Ende des Zeitalters hin; unsere gegenwärtige Heilszeit der Gnade wird übergangen, denn diese Prophezeiung bezieht sich auf das Handeln Gottes mit Israel. Das Ende des Zeitalters wird für sie die große Drangsal und die Einführung des Segens des Reiches des Herrn Jesus bringen. Im Land Israel werden zwei Drittel der Bevölkerung ausgerottet werden und sterben, während ein Drittel übrig bleiben wird, um in die tausend Jahre des Friedens einzugehen (V. 8). Im Jahr 2000 wurde die Bevölkerung Israels auf 6,3 Mio. geschätzt. Das bedeutet, dass mehr als 4 Millionen in diesem Land innerhalb von dreieinhalb Jahren umkommen werden! Wie erschütternd wird solch eine Dezimierung sein! In heidnischen Ländern hat über Jahrhunderte hin ein großes Sichten Israels stattgefunden, wie der Holocaust unter Hitler zur Zeit des Zweiten Weltkriegs, dem sechs Millionen von ihnen zum Opfer fielen. Aber dieses Gemetzel in Sacharja 13,8 wird *im Land* stattfinden. In Hesekiel 20,34–38 lesen wir ebenfalls davon, wie der HERR zur Zeit des Endes mit Israel handelt (offensichtlich mit den zehn Stämmen), wenn Er sie aus den Nationen herausführt und mit ihnen in der Wüste rechtet, indem Er sie unter dem Stab hindurchziehen lässt und die Empörer unter ihnen ausscheidet. Obwohl sie aus den Ländern, in denen sie lebten, herausgeführt werden, werden diese Empörer nicht in das Land Israel hineinkommen, denn die Gottlosen werden ausgesondert werden, bevor sie das Land erreichen.

Sacharja 13,8 muss sich daher auf die Stämme Juda und Benjamin beziehen, die *im Land* gesichtet werden. Offenbarung 14,20 weist auf diese Zeit schrecklichen Blutvergießens hin und spricht von „tausendsechshundert Stadien“, das ist die Länge des derzeitigen Landes Israel, ungefähr 320 Kilometer.

Der übrig bleibende „dritte Teil“ sind offensichtlich „die Kleinen“ aus Vers 7. Ihr Glaube wird durch das Feuer der großen Drangsal geprüft werden. Die Hand Gottes wird sie ernstlich züchtigen, wie ein Vater sein Kind züchtigt. Dies geschieht, um das Silber zu reinigen, denn *das* vollbringt das Feuer: Es trennt die Schlacke von dem echten Silber oder Gold, damit das reine Metall in all seinem Glanz erstrahlen kann und dem großen Schmelzer Freude bereitet. Maleachi 3,2–4 verbindet dieses Ereignis mit dem Kommen des Herrn, wie Er selbst dasitzt und das Silber schmilzt und reinigt. Da mag wohl gefragt werden: „Wer aber kann den Tag seines Kommens ertragen?“ Das erinnert uns an die Worte in 1. Petrus 4,17, wo es um das gegenwärtige Handeln Gottes geht: „Denn die Zeit ist gekommen, dass das Gericht anfange bei dem Haus Gottes; wenn aber zuerst bei uns, was wird das Ende derer sein, die dem Evangelium Gottes nicht gehorchen?“ Dasselbe Feuer, das die Gläubigen läutert und reinigt, wird die Ungläubigen verbrennen, denn in ihnen findet sich kein echtes Silber.

Solche, die geläutert sind, werden jedoch den Namen des Herrn aufrichtig anrufen. Er wird sie erhören und mit einem ermunternden Wort antworten: „Es ist mein Volk.“ Das steht im Gegensatz dazu, dass Gott Israel früher wegen ihrer Abtrünnigkeit jahrhundertelang nicht anerkannte und sie „Nicht-mein-Volk“ nannte (Hos 1,9). Dann wird Israel von ganzem Herzen sagen: „Der HERR ist mein Gott.“ Obwohl sie vordem den Herrn Jesus verworfen haben, werden sie dann das sagen, was Thomas sagte, als er die Wundmale in den Händen und in der Seite des Herrn Jesus sah: „Mein Herr und mein Gott“ (Joh 20,26–28).

Kapitel 14

Die Nationen werden bestraft und danach wiederhergestellt (V. 1–15)

Dieses Kapitel geht zeitlich zurück, um die große Drangsal von einem anderen Gesichtspunkt aus zu betrachten. „Siehe, ein Tag kommt für den HERRN" (V. 1). Der Tag des HERRN steht im Gegensatz zum „Tag des Menschen" oder „menschlichen Tag" (1. Kor 4,3). Der „Tag des Menschen" ist die gegenwärtige Zeit, wo Gott dem Menschen erlaubt, seine eigenen Meinungen auszudrücken und bis zu einem gewissen Grad seinen Willen durchzusetzen. Dieser Tag wird darin gipfeln, dass der Mensch die Autorität Gottes dreist herausfordert, indem er den „Gräuel der Verwüstung" im Bereich des Tempels in Jerusalem aufstellt (Mt 24,15) – ein Bildnis zu Ehren des römischen Tieres, des Führers des wiederbelebten römischen Reiches (Offb 13,14.15). So erhebt sich der Gott verachtende Stolz des Menschen zu seiner gesetzlosesten Höhe. Dann wird *der Tag des HERRN* in all seiner ehrfurchtgebietenden Erhabenheit über die Welt losbrechen. Gott wird öffentlich in die Angelegenheiten der Menschheit eingreifen, zunächst im Gericht, dann zum Segen. An *jenem Tag* wird die Beute, die die Feinde an sich reißen, inmitten der Stadt verteilt werden. Sie wird nicht zuerst aus der Stadt herausgetragen werden, sondern die Feinde werden aus Genugtuung darüber, dass sie sich die Stadt völlig unterworfen haben, sich so viel Zeit lassen, wie sie nur wünschen, um die Beute noch in der Stadt unter sich zu verteilen.

Gott wird „alle Nationen nach Jerusalem zum Krieg versammeln" (V. 2). Nach der Aufstellung des „Gräuels der Verwüstung" in der Mitte der sieben Jahre wird der HERR den König des Nordens, auch „der Assyrer" genannt, (zusammen mit zahlreichen verbündeten Nationen) als Rute seines Zorns (Jes 10,5.6) gegen Jerusalem senden. Daniel 11,40.41 spricht hiervon und sagt, dass der König des Nordens „gegen ihn [den Antichrist] anstürmen" und in die Länder eindringen und „sie überschwemmen und überfluten" wird.

Als der Herr Jesus von dieser Zeit sprach, forderte Er die Juden auf, aus Jerusalem zu fliehen, wenn sie das Götzenbild dort aufgerichtet sehen (Mt 24,15–18). Einige werden das zweifellos tun, andere aber werden zurückbleiben. Die Stadt wird eingenommen, die Häuser geplündert und die Frauen geschändet werden. Die Juden werden furchtbar leiden, denn es wird eine „Zeit der Drangsal für Jakob" sein (Jer 30,7). Wir haben schon gesehen (Kap. 13,8), dass dabei viel Blut fließen wird. Auch wird die Hälfte der Stadtbewohner in die Gefangenschaft geführt werden, der anderen Hälfte wird erlaubt werden zu bleiben. Vor einigen Jahren kam ein Bericht in den Nachrichten, dass eine französische Agentur in Syrien vollständige Pläne für einen Überfall auf Israel entdeckt hatte, worin es auch hieß, die Hälfte der Bevölkerung Israels solle in arabische Länder umgesiedelt und statt ihrer Araber nach Israel gebracht werden. Bis jetzt ist Syrien von Gott daran gehindert worden, so etwas zu tun. Sie halten Israel für zu stark und militärisch gewappnet. Vielleicht hofften sie dies im Sechstagekrieg tun zu können, aber Gott gab Israel einen entscheidenden Sieg. Wenn Gott aber den König des Nordens gegen sein Volk Israel sendet, wird Er die Kraft Israels lähmen, sodass sie vollständig geschlagen werden. Jerusalem wird in einem äußerst schwachen Zustand zurückbleiben, wenn der König des Nordens seinen Vormarsch nach Süden fortsetzt und auch das Land Ägypten und seine Schätze unter seine Kontrolle bringt, ebenso Libyen und Äthiopien (Dan 11,40–43).

Nachdem der König des Nordens Ägypten, Libyen und Äthiopien unterworfen hat, wird er von Osten und Norden her erschreckende Nachrichten hören, die ihn veranlassen, eilig nach Jerusalem zurückzukehren (Dan 11,44.45). Die Zeitspanne zwischen den Versen 2 und 3 von Sacharja 14 umfasst deshalb den größten Teil der dreieinhalb Jahre der großen Drangsal. Am Ende der Drangsal wird der HERR selbst ausziehen, um gegen die Nationen zu streiten, die Israel verwüstet haben (V. 3). Obwohl Gott den König des Nordens, den Assyrer, gesandt hatte, um Israel zu strafen, hatte der Assyrer nicht im Sinn, den Willen Gottes zu tun, sondern er verlangte danach, „zu vertilgen … und auszurotten nicht wenige Nationen" (Jes 10,7). Deshalb wird der HERR selbst gegen den Assyrer und die mit ihm verbündeten Völker kämpfen.

Diese große Schlacht wird nicht in Harmagedon stattfinden, sondern bei Jerusalem, denn die Füße des HERRN werden auf dem Ölberg bei Jerusalem stehen (V. 4). Damit erfüllt sich, was ein Engel zu den Jüngern sagte, nachdem sie den Herrn Jesus zum Himmel hatten auffahren sehen (Apg 1,9–11). So wie Er bei Bethanien vom Ölberg aus aufstieg (Lk 24,50.51), wird Er am gleichen Ort zu Israel zurückkommen.

Diesmal wird sein Kommen von machtvollen Zeichen begleitet sein, denn der Ölberg wird sich in zwei Teile spalten, sodass zwischen beiden Teilen ein großes Tal entstehen wird. Die Ursache könnte ein starkes Erdbeben sein. Ob es sich dabei um das in Offenbarung 16,18 erwähnte Erdbeben handelt, ist schwer zu entscheiden. Jedenfalls sind drei für Israel sehr bedeutsame Ereignisse von gewaltigen Erdbeben begleitet: der Tod des Herrn Jesus (Mt 27,50.51), seine Auferstehung (Mt 28,1–6) und das zukünftige große Ereignis seiner Wiederkunft für Israel. Alle diese Ereignisse verfolgen den Zweck, nicht nur die Erde zu erschüttern, sondern auch die Menschen bis in ihr Innerstes.

Die Bewohner werden schreckliche Angst haben und fliehen, wie sie vor dem Erdbeben in den Tagen des Königs Ussija geflohen sind. Dieses besondere Erdbeben scheint außer in Amos 1,1 nirgends erwähnt zu werden. In Panik tun die Leute nicht immer, was klug ist. Wohin können sie sich wenden, um einem Erdbeben zu entgehen? Sie denken nur daran, von dem Ort wegzukommen, wo es sie zuerst überraschte. Warum nicht den anrufen, der die Erde erschuf und sie unter seiner Kontrolle hält? Wie viel besser ist es doch, den Schwierigkeiten in der Gemeinschaft mit Gott ruhig ins Auge zu sehen, als zu versuchen, vor ihnen wegzulaufen. Wenn Gott uns erschüttert, ist es seine Absicht, uns in seine eigene schützende Gegenwart zu führen. Die Bewohner Jerusalems werden bei ihrer Flucht offensichtlich Nutzen aus dem neu gebildeten Tal ziehen.

„Und kommen wird der HERR, mein Gott, und alle Heiligen mit dir." Dieser Satz ist mit den Versen 3 und 4 verknüpft, nicht in chronologischer Folge, aber er spricht von den Ereignissen, die das Kommen des Herrn begleiten. Wie klar lehrt dieser Vers, dass Jesus der HERR ist! Er kommt „mit seinen Heiligen". Das bezieht sich nicht unbedingt auf menschliche Gläubige, wie es in Offenbarung 19,14 der Fall ist, wo Kriegsheere in den Himmeln dem Herrn Jesus bei seinem großen Sieg in Harmagedon folgen. Wahrscheinlicher ist, dass diese „Heiligen" Engel sind, wie wir sie in 2. Thessalonicher 1,7.8 sehen, „bei der Offenbarung des Herrn Jesus vom Himmel, mit den Engeln seiner Macht".

„Und es wird geschehen an jenem Tag, da wird kein Licht sein; die Gestirne werden sich verfinstern" (V. 6). Joel 3,15 spricht von diesem buchstäblichen Phänomen: „Die Sonne und der Mond verfinstern sich, und die Sterne verhalten ihren Glanz." Siehe auch Markus 13,24.25. Dies erinnert uns an die Bekehrung des Saulus von Tarsus. Als er auf dem Weg nach Damaskus dem Herrn Jesus begegnete, trat unmittelbar eine Veränderung mit ihm ein, aber er erblindete und sah das Licht drei Tage lang nicht. Die Bekehrung Israels wird ähnlich geschehen. Zuerst wird das Licht verdunkelt wegen all der Jahre, wo sie Gott entfremdet waren: Sie werden die Verfinsterung ihres natürlichen, ungläubigen Zustands empfinden, bevor alles vor ihren staunenden Augen hell wird. Der Tag „ist dem HERRN bekannt" (V. 7), denn Er weiß, wie Er ein sündiges Volk aus der Finsternis zum Licht führen kann – durch tiefe Seelenübung, sowohl im Blick auf die Finsternis wie auch auf das Licht. „Und es wird geschehen zur Zeit des Abends, da wird es Licht sein." Wenn das Licht normalerweise schwindet, greift Gott in seiner Macht ein, um Israel das Licht zu bringen, das ihnen jahrhundertelang entgangen war. Wie oft geschieht es auch, dass zur Abendzeit von jemandes Leben das Licht Gottes in die Seele einbricht! Das ist wunderbare Barmherzigkeit.

Nachdem das Licht gekommen ist, wird es an Erfrischung für das Volk nicht fehlen. Wenn Jerusalem zum Mittelpunkt des Handelns Gottes mit der Erde wird, wird Er lebendige Wasser in dieser Stadt hervorquellen lassen. Sie bilden zwei Flüsse; der eine wendet sich nach Osten zum Toten Meer, der andere nach Westen zum Mittelmeer. Hesekiel 47,1–8 spricht von den Wassern, die unter der Schwelle des Tempels hervorkommen, dann nach Osten, zum Toten Meer fließen und dessen Salzwasser gesund machen. Hesekiel erwähnt nur den ostwärts fließenden Strom, während Sacharja auch von einem westwärts gerichteten Strom spricht. Dieses Phänomen unterstreicht die Tatsache, dass Jerusalem das irdische Zentrum Gottes sein wird, von dem aus der Segen zu der ganzen Erde fließt. Weit höher noch ist die Wahrheit, die in Offenbarung 22,1 gelehrt wird, dass ein Strom von Wasser des Lebens aus dem Thron Gottes und des Lammes inmitten der himmlischen Stadt hervorfließen und zu einer nie endenden geistlichen Erquickung führen wird.

„Und der HERR wird König sein über die ganze Erde“, nicht nur über Israel, sondern über alle Nationen. Noch einmal: Gottes König ist der Herr Jesus (vgl. Ps 2,6–8), und die Schrift nennt Ihn „HERR“. Bezeichnenderweise wird hinzugefügt: „an jenem Tag wird der HERR *einer* sein und sein Name *einer*.“ Israel wird dann wie nie zuvor die Wahrheit verstehen, die der Herr Jesus ihnen verkündigte: „Ich und der Vater sind eins“ (Joh 10,30). Nachdem sie Christus verworfen haben, klagen sie in blinder Weise die Christen an, sie hätten zwei Götter (oder drei, wenn sie von der Dreieinheit gehört haben), aber diese Wahrheit wird ihnen in wunderbarer Weise aufgehen, wenn ihre Augen geöffnet werden und sie erkennen, dass in Christus „die ganze Fülle der Gottheit leibhaftig“ wohnt (Kol 2,9). Sie werden den Gott Abrahams, Isaaks und Jakobs als in der Person des Herrn Jesus offenbart anerkennen. Ebenso wird sein Name *einer* sein. Die Einheit seines Namens war bereits vorher verkündet worden, z. B. in Jesaja 9,6: „Und man nennt *seinen Namen*: Wunderbarer, Berater, starker Gott, Vater der Ewigkeit, Friedefürst.“ Diese Bezeichnungen sind nicht als einzelne Namen anzusehen, sie sind nur ein Name. So besteht

Einheit in den Personen der Gottheit und Einheit in seinem Namen.

Um diese Zeit wird das ganze Land von Geba bis Rimmon sich in eine Ebene umwandeln (V. 10). Geba lag im nördlichen Benjamin (Jos 21,17) und Rimmon im südlichen Juda (Jos 15,32). Offensichtlich wird das Erdbeben die Kontur von Juda und Benjamin sehr verändern und weit mehr fruchtbares Land schaffen. „Und Jerusalem wird erhaben sein und an seiner Stätte wohnen." Jerusalem wird die einzige Höhe im Land Juda sein, ebenso wie ihm der Platz hervorragender Würde unter den Nationen gegeben sein wird. Danach werden uns die Grenzen der wieder aufgebauten Stadt mitgeteilt. Das Tor Benjamin, das erste (oder frühere) Tor, das Ecktor, der Turm Hananel und die Keltern des Königs schließen offenbar die ganze bewohnte Stadt vom Osten bis zum Westen und vom Norden bis zum Süden ein. Eine solche Beschreibung beweist, dass Sacharja das buchstäbliche irdische Jerusalem meint, nicht das „neue Jerusalem" von Offenbarung 21,10–27.

Was für eine Erleichterung für diese Stadt, wenn ihre Bewohner nicht mehr in regelmäßigen Abständen vertrieben werden, wenn keine Angst mehr vor Zerstörung und Blutbad besteht, sondern alle die Gewissheit der Sicherheit und Beständigkeit haben (V. 11). Gott sei dafür gedankt, dass die dauerhafte Segnung von der unveränderlichen Gültigkeit des Werkes Christi auf Golgatha abhängt, das Israel so lange abgelehnt hat, doch dann anerkennen und wertschätzen wird.

Die Verse 12–15 gehen zeitlich zurück (wie die Prophetie es oft tut), um andere Dinge zu betrachten, die der Segnung Jerusalems vorausgehen. Der HERR wird eine furchtbare Plage über die Nationen bringen, die gegen Jerusalem Krieg geführt haben, also gegen den König des Nordens und seine Verbündeten. „Er wird eines jeden Fleisch verwesen lassen, während er auf seinen Füßen steht, und seine Augen werden verwesen in ihren Höhlen, und seine Zunge wird in seinem Mund verwesen" (V. 12). Als die Atombombe auf Hiroshima abgeworfen wurde, litt die Bevölkerung, wie berichtet wurde, unter ähnlichen Folgen, indem ihr Fleisch verfiel und ihre Augäpfel aus den Augenhöhlen ausflossen, während sie auf ihren Füßen standen.

Aber in diesem Fall sollten wir nicht vorschnell schließen, dass Kernwaffen das Mittel zu diesem Elend sind, denn die Juden in Jerusalem werden kaum eine Atombombe in der Nähe ihrer Stadt abwerfen. Auch teilt uns Joel 3,16 mit: *„Der Herr* brüllt aus Zion und lässt aus Jerusalem seine Stimme erschallen." Er wird die Armeen Israels anführen. Dann sagt Vers 14: „Und auch Juda wird in Jerusalem streiten." Würden sie überhaupt kämpfen können, wenn Atombomben in der Nähe abgeworfen worden wären?

Ein weiterer Umstand trägt zum Sieg Israels über seine Feinde bei. Der Herr lässt eine Verwirrung über die Angreifer kommen, sodass sie sich gegenseitig bekämpfen, ohne zu wissen, was sie tun. In Anbetracht dieser Dinge und der Tatsache, dass der Herr vorangeht, Juda kämpft und die Plage über die Feinde kommt, ist klar, dass es nicht um einen Nuklearkrieg geht. Dennoch werden die Bedrängnisse dieser Zeit einen schrecklichen Höhepunkt erreichen, wie ihn die Welt bis dahin nicht gesehen hat (V. 12–14).

Nachdem die Bewohner Judas in wahrer Buße vor dem Herrn zerbrochen und wiedergeboren sind, werden sie mit einer von Gott verliehenen Energie kämpfen. Die Christen heutzutage haben keinen Auftrag zu physischem Kampf. Sie sollen die Unterdrückung von Seiten böser Menschen ertragen, anstatt dagegen zu kämpfen (1. Pet 3,19–23). Wir haben ein *himmlisches* Erbteil (1. Pet 1,3.4). Aber Juda wird für sein eigenes *irdisches* Erbteil kämpfen, und zu dieser Zeit wird das vollkommen richtig sein. Der Kampf des *Christen* ist nicht fleischlich, sondern geistlich (2. Kor 10,4.5).

Die riesigen Armeen, die in Israel einmarschieren, werden so viele Versorgungsgüter mitbringen, dass Israel durch die Menge an Gold, Silber und Bekleidung, die sie als Beute sammeln werden, reich werden wird. Gott befähigt sein Volk nicht nur, im Kampf zu siegen, Er gibt ihnen auch Reichtum. Das ist eine Lektion für uns.

Wenn wir dem Herrn Jesus seinen wahren Platz geben, wie Israel es dann tun wird, gibt Er uns Kraft, die Macht des Feindes niederzuschlagen, und Er nimmt die Gelegenheit wahr, uns ebenfalls zu bereichern, nicht materiell, aber geistlich. Das Erleben der schrecklichen Notlage während der großen Drangsal wird nicht nur in den Sieg über den Feind einmünden, sondern auch in überfließenden, anhaltenden Segen.

Israels Sieg am Ende erinnert uns an die Gnade und die Macht Gottes, wie sie der König Josaphat erfuhr, als eine große Menge aus Moab, Ammon, Syrien und vom Gebirge Seir gegen ihn heranzog. „Da fürchtete sich Josaphat, und er richtete sein Angesicht darauf, den HERRN zu suchen; und er rief ein Fasten aus über ganz Juda" (2. Chr 20,3). Im Vertrauen auf Gott zogen sie in die Schlacht. Statt erbitterte Feindschaft im Herzen der Soldaten zu wecken, bestellte Josaphat Sänger, die in heiligem Schmuck lobsangen: „Preist den HERRN, denn seine Güte währt ewiglich!" (V. 21.22). Dann verwirrte Gott die Reihen des Feindes, und sie stritten einer gegen den anderen, bis alle den Tod fanden, sodass Israel überhaupt nicht zu kämpfen brauchte. Die Beute war so groß, dass Israel drei Tage benötigte, um sie einzusammeln (V. 23–25).

Vers 15 berichtet uns, dass die in Vers 12 erwähnte Plage auch die Pferde, Maultiere, Kamele, Esel und alle anderen Tiere des Feindes befallen wird. Das erinnert uns an die Anweisung Gottes an Saul in Samuel 15,3, dass nicht nur Amalek geschlagen werden sollte, sondern auch alle ihre Tiere. Da die Sünde des Menschen die ganze belebte Schöpfung angesteckt hat, leidet sie mit ihm (Röm 8,20). Die Tiere, die der Mensch in seine Auflehnung gegen Gott hineingezogen hat, werden, wenn auch in geringerem Maß, dasselbe Gericht erleiden wie die Aufrührer.

Die große Verwandlung (V. 16–21)

Wie wird sich Israel über die erstaunliche Veränderung wundern, die in so kurzer Zeit die kämpfende und leidende Stadt Jerusalem in die Hauptstadt der ganzen Welt umgewandelt hat! Und noch mehr als dies: Die Übriggebliebenen von den Nationen, früher ihre Feinde, werden jedes Jahr freiwillig nach Jerusalem hinaufziehen, um das Laubhüttenfest zu feiern (V. 16) und den König, den HERRN der Heerscharen (den Herrn Jesus) anzubeten. Wie wohltuend wird dieser Wechsel sein: früher immer wieder Aufruhr und Unruhe, jetzt Ruhe und gesicherter Friede für das jüdische Volk! Natürlich werden es Repräsentanten dieser Nationen sein, die nach Jerusalem hinaufziehen werden.

Das Fest der Laubhütten wird besonders hervorgehoben, weil es das letzte der „Feste des HERRN" ist, die in 3. Mose 23 aufgeführt sind. Es deutet auf die völlige Erfüllung der Ratschlüsse Gottes in Bezug auf Israel hin und schaut zugleich auf die Zeit der Segnung des Tausendjährigen Reiches voraus, in die Israel dann eingetreten sein wird (3. Mo 23,33–43). Dieses siebentägige Fest war eine Zeit großer Freude, nachdem die Ernte eingebracht worden war. Die Israeliten sollten sich Hütten von Baumzweigen machen und darin während dieser Woche wohnen. Das belehrt uns, dass Israel während des Tausendjährigen Reiches eine wunderbare Sicherheit und auch angenehmes Wetter haben wird. Es wird keine Diebe geben, die Einbrüche verüben, und weder Kälte noch Stürme werden ihnen zu schaffen machen, ebenso wenig drohen Gefahren von Tieren, auch wird es offensichtlich keinen Insektenbefall geben.

Dies wird jedoch noch nicht der vollkommene Zustand sein, wie ihn die Ewigkeit bringen wird. Die Menschen werden noch die sündige Natur haben, doch der Herr Jesus wird Autorität ausüben und in Gerechtigkeit herrschen. Wenn irgendeine Nation nicht bereit ist, Jerusalem als das Zentrum Gottes anzuerkennen, und keine Repräsentanten zu der Stadt sendet, um den König, den HERRN der Heerscharen, anzubeten, wird Gott diesem Land den Regen vorenthalten. Da Ägypten nicht vom Regen abhängig ist, sondern der Nil das Land bewässert, wird ihm, wenn es keine Repräsentanten nach Jerusalem sendet, eine Plage zugefügt werden. Welcher Art diese Plage ist, wird nicht erwähnt, aber Ägypten hat in der Vergangenheit gelernt, dass Gott der Nation Plagen von einer Art aufzuerlegen weiß, die sie hart treffen (2. Mo 7,19 – 12,30). Während der tausend Jahre des Friedens, wenn der Herr Jesus regieren wird, werden die allgemein günstigen Bedingungen in der Welt nur dadurch unterbrochen werden, dass einige Menschen sich weigern, Ihm Ehre zu geben. Die vielen, die nicht wiedergeboren sind, werden noch in einer Haltung des Grolls gegenüber der Autorität verharren, auch wenn diese freundlich und rücksichtsvoll ausgeübt wird. Sie werden bereit sein, sich zu einer Empörung zu erheben, sobald Satan aus seinem Gefängnis losgelassen wird und ausgeht, um die Nationen zu verführen (Offb 20,7–9).

Die beiden letzten Verse verweilen bei dem Wunder der Veränderung in Jerusalem. Sogar in die Schellen der Pferde wird die Inschrift eingraviert sein: „Heilig dem HERRN." Israel wird eine heilige Nation sein. Heiligkeit wird nicht nur die Personen auszeichnen, sondern auch das, was sie besitzen. Es wird keine Unterscheidung zwischen *weltlichem* und *geistlichem* Leben geben: Alles wird für Gott sein, so wie das Leben der Christen es heutzutage sein sollte. Sogar die Kochtöpfe werden „wie die Opferschalen vor dem Altar" sein, d. h. alle beim täglichen Essen gebrauchten Geräte werden als dem HERRN geweiht benutzt werden.

Der letzte Vers in Sacharja ist bemerkenswert: „Und es wird an jenem Tag kein Kanaaniter mehr sein im Haus des HERRN der Heerscharen." Darin liegt mehr Belehrung als nur, dass buchstäbliche Kanaaniter verbannt sein werden. Der Name bedeutet „Kaufmann" (oder Händler). Das Haus des HERRN in Israel ist in der ganzen Vergangenheit von einem Geist der Geschäftemacherei geplagt worden, sodass der Herr Jesus aus gutem Grund sagen konnte: „Macht nicht das Haus meines Vaters zu einem Kaufhaus" (Joh 2,16). Endlich wird dieses Haus von der Beschmutzung durch diejenigen, die aus der jüdischen Religion Vorteile ziehen, um den Interessen ihrer Habgier zu frönen, völlig gereinigt sein. Wenn die Ehre des Herrn in allen Beziehungen des Volkes an erster Stelle steht, auch im Geschäftsleben, wird ihr

Geschäftsleben die Rechte des Herrn in seinem Haus nicht mehr verletzen. Mögen auch wir in unseren Tagen dem Haus Gottes, der Versammlung des lebendigen Gottes, die gebührende Achtung erweisen und dem Herrn Jesus die höchste Ehre geben, deren Er wert ist.